버텨야 산다

머리말

삶을 버티게 해주는 힘의 원천

강한 자가 살아남는 시대는 지났다. 지금은 살아남는 자가 강한 시대다. 강하다고 꼭 살아남는다는 보장도 없고, 약하다고 일찍 끝나는 것도 아니다. 그렇기에 살아남으려면 그에 따른 철저한 준비가 필요하다. 마치 대한민국처럼. 대한민국은 어떻게든 버티고 살아남아 후진국에서 개발도상국을 넘어 신흥국에 진입했고 드디어 선진국 반열에 올라섰다. 일제강점기 때는 가장 간절한 목표가 독립이었고, 6·25전쟁 직후에는 잘사는 대한민국을 만들겠다는 목표가 가장 간절했는데 결국 모두 다 이뤘다. 문제는 짧은 기간에 급격히 선진국에 진입하면서 준비 부족 후유증이 나타나고 있다는 점이다. 바로 '선진국 신드롬'이다.

선진국 신드롬은 세 가지로 정의할 수 있다. 길어진 수명, 사라진 평생직장 그리고 상대적 빈곤감이 그것이다. 삶을 힘들게 만드는 이 선진국 신드롬을 이겨내려면 꼼꼼하게 준비해야 한다. 어떤 상황에서든 잘 버티면서 준비하는 것이 원하는 삶을 즐겁고, 보람 있고, 가치 있고, 행복하게 후회 없이 살아가는 방법이다.

1992년 8월 17일, 나는 2만 2,900볼트의 고압 전기 감전 사고로 중증 지체(절단)장애인이 되었다. 이후 나는 30년 넘는 세월 동안 매사에 많은 어려움을 겪었으나 악착같이 버텨냈다. '버티다'의 사전적 의미는 '주위 상황이 어려운 상태에서도 굽히지 않고 맞서 견뎌내다'이다. 이러한 의미처럼 내게 버텨낼 힘을 준 것은 바로 밝은 미래의 희망이었다.

코로나-19 팬데믹은 인류가 다 함께 예고 없이 겪은 엄청난 재앙이었다. 하지만 우리는 그 재앙에 지혜롭게 대응하고 버티면서 살아남았다. 설령 예상치 못한 어려움이 닥칠지라도 모든 것을 다 잃는 건 아니다. 잃는 것이 있으면 반드시 얻는 것도 있는 법이다. 그러니 먼저 얻는 것을 생각해 볼 필요가 있다. 그것을 먼저 생각해야 자신에게 맞는 생존법을 찾아내고 그 방법에 따라 자기만의 방식으로 살아남을 수 있다. 다시 말하지만 살아남는 자가 강한 사람이다.

비장애인 체계로 돌아가는 사회에서 장애인으로 살아간다는 것은 동그란 구멍에 네모난 조각을 끼워 넣으려 하는 것과 같다.

사실 나도 차별 · 무시 · 홀대 · 배제 앞에서 네모난 조각의 모서리를 자르고, 깎고, 갈고, 두드려서 끼워보려 했다. 그 척박하고 딱딱하고 험난한 환경에서 살아남은 지금, 나는 장애마저 축복이라 여긴다.

살아 있다는 것은 그 자체로 강한 사람이라는 증거다. 또한 살아 있다는 것은 뭐든 할 수 있다는 희망의 토대다. 삶이 곧 희열인 이유가 여기에 있다.

내가 예기치 않은 삶의 역경을 딛고 버텨내게 해준 힘의 원천이 궁금하지 않은가. 모두가 공감할 만한 그 원천을 여기에 풀어낸다.

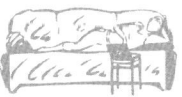

차례

머리말 / 삶을 버티게 해주는 힘의 원천 | 4

1장
팔다리를 주고 목숨을 구걸하다.

- 얼떨결에 태어나다 | 10
- 띠풀로 끼니를 해결하다 | 13
- 죽음의 순간에 보았던 것 | 17
- 죽여주세요, 제발!!! | 20
- 팔과 다리를 잃다 | 24
- 화상 치료는 간접적인 지옥 체험 | 28
- 내 다리 내놔! | 32
- 화장실이 무서워요 | 36
- 준비 없는 도전과 실패 | 40

2장
멘토를 만나다.

- 생과 사 | 44
- 인과 연 | 48
- 멘토와 멘티 그리고 멘토링 | 52
- 진심은 통한다 | 56

- 멘토링 시작, 첫 번째 | 59
- 멘토링 시작, 두 번째 | 63
- 멘토링 시작, 세 번째 | 67
- 멘토링 시작, 네 번째 | 71
- 멘토링 시작, 다섯 번째 | 75
- 멘토링 시작, 여섯 번째 | 79
- 멘토링 시작, 일곱 번째 | 82
- 멘토링 시작, 여덟 번째 | 86
- 멘토의 사은회 | 101
- 멘토의 장례식 | 104

3장
살아남으려면 버텨야 한다.

- 기본으로 돌아가다 | 107
- 내 몸이 최고의 재산 | 111
- 도전이 없는 삶은 사치다 | 115
- 방아를 찧다가 득도하다 | 121
- 지금이 가장 좋은 때다 | 126
- 인생 목표가 간절해야 버텨낸다 | 130

맺음말 / 세상은 살아볼 만하다 | 142

1장 팔다리를 주고 목숨을 구걸하다

#얼떨결에 태어나다

숨이 턱턱 막히는 한여름, 가장 아끼는 슈트를 꺼내 입고 전신 거울 앞에 서서 옷맵시를 이리저리 비춰본다. 혹시라도 흐트러진 데는 없는지 꼼꼼히 살피기 위해서다. 이렇게 유독 신경 쓰는 이유는 내 팔과 다리를 묻은 묘에 가는 날이라서다. 8월 17일의 무더운 아침이다.

나는 술을 가까이하지 않는다. 그래도 그날만큼은 소주와 북어포를 사 들고 간다. 묘에 다다르면 묘와 가장 가까운 곳에 주차한 뒤 음식이 든 가방을 챙겨 산을 오르는데 그곳은 길이 없고 산죽과 아까시나무, 소나무 등이 뒤엉켜 매우 험하다. 조심조심 걸어도 나뭇가지에 걸려 한 번은 꼭 넘어지거나 나무에 찔려서 피가 나기 일쑤다. 어쨌거나 묘로 향하는 길은 즐겁기만 하다.

땀과 선크림이 뒤범벅되어 흰 땀방울이 흘러내려도 좋다. 20년을 함께한 팔과 다리를 만나는 시간이라 힘들다는 생각보다 오히려 설렘이 앞선다.

묘에 도착하면 먼저 봉분을 둘러보며 "잘 있었니?" 하고 인사를 건넨다. 돌아오는 대답은 없다. 준비해 간 북어포를 펼치고 잔에 소주를 한가득 따라 예를 갖춘 다음 묵념한 후 주저앉아 지난 날을 회상한다. 나도 모르게 눈가와 광대를 타고 눈물이 흘러내리는데 여기에는 많은 감정이 깃들어 있다. 고마움, 사랑, 그리움, 슬픔, 감사함, 추억 그리고 지켜주지 못한 미안함.

묘에는 20년 동안 함께한 내 소중한 팔과 다리가 30년 넘게 잠들어 있다. 어쩌면 이제는 그 흔적조차 남아 있지 않을지도 모른다. 그래도 매년 8월 17일이면 나는 다시 만날 날을 생각한다. 그 생각만으로도 방전된 에너지를 충전하는 것 같아 좋고, 한편으로는 부끄럽지 않게 살아야겠다는 동기도 얻는다.

한겨울 추위를 이겨내고 따스한 봄을 알리는 시기는 꽁꽁 얼었던 땅을 뚫고 새싹을 틔우는 4월이 아닌가 싶다. 그런데 미국 태생의 영국 시인 토머스 스턴스 엘리엇은 4월을 "잔인한 달"이라고 표현했다. 찬란한 봄이 만물을 깨우면서 산고라도 겪는 것일까. 그런 봄날 나는 세상에 첫 울음소리를 토해냈다. 먼저 태어난 형과 누나가 다섯 명 있었다. 바로 손위 형과 여섯 살이나 나이 차가 나는 것으로 보아 아마도 얼떨결에 태어난 생명인 듯하다.

어쩌면 막걸리의 영향을 받은 하룻밤 불장난의 산물인지도 모른다. 그래도 감사하다. 어쨌거나 삶은 살아볼 만하지 않은가.

열 살 때인 1982년까지 나는 마을과 떨어진 작은 초가집에서 살았다. 전깃불이 아닌 호롱불 아래서 지내고 가정형편이 어려워 끼니를 걱정해야 했으나 불행하다는 생각은 하지 않았다. 아니, 오히려 행복했다. 시간이 흐르고 성인이 되고 나니 더욱더 그 시절이 행복했음을 느낀다.

재산이라 할만한 것은 하나도 없었다. 작은 초가집마저 남의 것이었다. 너무 가난했기에 형과 누나는 의무교육인 국민(초등)학교만 마치고 서울로 가서 돈을 벌어야 했다. 입 하나 줄이는 것이 생사를 가르는 갈림길처럼 느껴질 만큼 가난이 뼛속까지 스며 있었다. 그러한 가난을 남겨둔 채 1983년 아버지가 술병으로 돌아가셨다. 정확한 병명은 위암이었고 그 원인은 술에 있었다.

안타깝게도 한글조차 깨칠 기회를 얻지 못했던 어머니는 자식을 위해 자신의 모든 것을 던져 헌신했다. 자기 인생이 아닌 자식의 인생을 위해 살았다. 그야말로 낳아놓은 생명을 책임지는 자식을 위한 삶이었다. 그것은 자식을 향한 무한 사랑이다. 세상의 대다수 엄마는 그렇게 잉태와 출산의 결과를 책임진다.

그래서 나는 "여자는 약하지만 엄마는 강하다"는 말에 공감한다.

자식의 인생을 살아온 어머니가 아흔을 훌쩍 넘었다. 시간이 흐르면서 가장 안타까운 것은 어머니와 함께할 시간이 점차 짧아진다는 것이다. 그것이 서글퍼서 내가 "어머니!" 하고 부르면 어머니에게 대답할 기운이 있을 때 좀 더 많이 부르려고 노력한다.

어머니!!! 어머니!!! 어머니!!!

어머니 낳아주셔서 감사합니다. 이런 세상을 살아볼 기회를 주셔서 진심으로 감사합니다.

#띠풀로 끼니를 해결하다

살아볼 기회를 준 것까지는 고마운 일이다. 그다음 문제는 가난이었다. "가난한 집에 자식이 많다"라는 속담이 있다. 가난한 집은 먹고살 걱정이 태산 같은데 자식까지 많아 이래저래 삶의 짐이 무겁다는 뜻이다.

우리에게는 삶을 살아가며 반드시 해결해야 할 문제가 있다.
바로 인간 생활의 세 가지 기본 요소인 의衣, 식食, 주住 문제다.
무엇을 입고, 무엇을 먹고, 어디에서 거주하며 살아갈 것인가?
가장 중요한 이 기본 요소에 관해 계획이 없으면 가족 모두가 힘들 수 있다. 나는 이것을 직접 경험했다.

옷은 당연히 얻어서 입거나 물려 입는 것으로 알고 살았다. 옷을 시장에서 사 입는다는 것 자체를 이해하지 못했다. 적어도 초등학교 교육을 받으며 시장의 원리와 역할을 배우기 전까지는 그랬다.

형과 나이 차이가 여섯 살이나 나다 보니 옷을 물려 입어도 항상 컸다. 그보다 더 치명적인 것은 옷이 낡아서 못 입을 수준이었다는 것이다. 그래도 옷이 생기는 것은 좋았다. 가끔은 나보다 세 살 더 많은 동네 형의 옷을 얻어서 입기도 했다. 그때는 낡지는 않았으나 옷이 꽤 컸다. 체격에 차이가 있어서 마치 큰형의 옷을 입은 모양새였다.

 겨울에는 어머니가 직접 털실로 스웨터를 짜주기도 했는데 그때의 옷이 가장 좋았다. 내 몸에 딱 맞았으니까. 대신 스웨터 색상이 무지개처럼 알록달록했다. 모아둔 온갖 털실을 이용해야 했기에 색상의 조화를 고려하는 것은 불가능했다.

 여름에는 반 팔 티셔츠와 반바지 그리고 검정 고무신 하나면 편안하게 지낼 수 있었다. 물론 드물게 시장에 가서 산 새 옷을 입는 때도 있었다. 대개는 설날과 추석 명절 때다. 아쉽게도 그렇게 받은 새 옷은 언제나 컸다. 어머니가 키가 클 것을 예상하고 늘 두 치수 이상 큰 옷을 사왔기 때문이다. 새 옷을 입으면 항상 소매와 기장을 두 번 정도는 접어야 했다. 어느덧 키가 커서 옷이 체형에 맞을 즈음이면 이미 낡을 대로 낡아 입을 수 없었다. 그러면 온갖 천을 덧대 여기저기 기우는 바람에 각설이 옷이 되곤 했다.

 살림이 넉넉지 않아 언제나 배가 고팠는데 제때 밥을 먹을 때보다 끼니를 거른 때가 더 많았던 것 같다. 그 시절 소작농은 농사를 지어 이리저리 주고 나면 남는 게 없는 상황을 천형처럼 짊어지고 살았다. 우리 가족에게 보릿고개는 당연했다. 그때는 찔

레나 띠풀(삐비)의 새순으로 끼니를 때우기도 했다. 따뜻한 봄이 오면 새순이 나온다. 연하고 달짝지근한 그 새순을 살짝 꺾어 먹으면 그나마 허기를 달랠 수 있었다.

여름이 가까워지면 먹을거리가 늘어났다. 그 대표적인 것이 감자다. 큰 가마솥에 감자를 푹 쪄서 호호 불어가며 먹으면 맛이 일품이었다. 사실 나는 맛보다 배불리 먹을 수 있어서 좋았다. 옥수수도 요긴한 식량이었다. 더러는 생옥수수를 씹어먹기도 했는데 얼마나 배가 고팠으면 그랬을까 싶다. 실제로 옥수수알에서 터져 나오는 생즙은 굉장히 달다. 배가 고플 때는 뭘 먹든 맛있는 법이다. 당시 내게는 먹을 수 있는 모든 것이 맛있었다. 몇 해 전 그때를 회상하며 생옥수수를 씹어봤는데 도무지 그 맛이 나지 않았다. 아마도 다시는 그 맛을 느끼지 못할 것 같다.

겨울에는 고구마와 밀가루가 주식이었다. 고구마와 보리쌀 비율을 8 대 2로 해서 밥을 짓거나 아니면 완전히 고구마만 먹었다. 밀가루로는 수제비나 칼국수 등을 해서 먹었는데 그것도 괜찮았다. 먹을 수 있으면 무작정 좋았다. 아주 특별한 날에는 고기를 먹기도 했다. 명절이나 제삿날 외에 손님이 방문하며 신문지에 꽁꽁 싼 돼지고기를 가져온 날이다. 그날은 고깃국을 먹는데 어머니는 김치와 고기를 넣고 한 솥 가득 끓였다. 돼지고기를 찾아보기 힘들 정도로 김치가 많았지만 고기 기름이 떴다는 것만으로도 만족스러웠다.

어린 시절에 먹어본 고기는 늘 그처럼 국에 든 것이었다. 사회생활을 하기 전까지 나는 고기를 구워서 먹어본 적이 없다. 한때는 고기를 구워 먹는 걸 보고 이해하지 못하기도 했다. 심지어 신기하게 여기기까지 했다. 지금은 구워 먹는 것이 고기를 대하는 예의라고 생각할 정도로 변했다.

우리 가족이 살던 집은 부엌 한 칸, 방 한 칸, 창고 한 칸 그리고 헛간이 있는 작은 초가집이었다. 헛간에는 돼지가 살았고 그 곁에 화장실이 있었다. 초가집은 가을에 벼수확을 끝내면 볏짚을 잘 엮어 초가지붕을 새로 씌워야 한다. 그런데 그 볏짚은 화재에 굉장히 취약하다. 실제로 초등학교 2학년 겨울방학 직후 나는 화재를 경험했다. 한밤중에 지나가던 행인이 담뱃불을 던졌는지 초가지붕에 불이 나 집이 몽땅 타버린 것이다.

겨울이면 우리 집은 땔감을 구해 밥도 하고, 국도 끓이고, 난방도 했다. 언젠가 한국민속촌에서 어릴 때 살던 집과 똑같은 초가집을 봤는데 감회가 새로웠다. 호롱불 아래에서 구구단을 공부하다가 숫자가 잘 보이지 않아 호롱불 아래로 바짝 다가갔다가 머리를 태웠던 기억도 났다. 지금은 추억의 한 장면처럼 남았지만 다시 초가집에서 살라고 하면 절대 못 살 것 같다.

우리 생활에서 의식주는 굉장히 중요한 부분이다. 그 척박한 환경에서 용케 버텨낸 내게는 그것이 더욱더 절절히 느껴진다. 다행히 우리 집은 1983년 1월 전기가 들어오는 동네 안쪽으로 이사하면서 초가집 생활을 끝냈다.

#죽음의 순간에 보았던 것

태어나서 가난한 건 당신 잘못이 아니지만 죽을 때도 가난한 건 당신 잘못이다.
- 빌 게이츠

이왕이면 의식주 걱정 없이 부자로 살아보고 싶다. 다시 태어날 수 있다면 대한민국 10대 재벌 자녀로 태어나길 바라지만 이번 생에 그것은 내 몫이 아니다. 내게 주어진 가난한 삶은 지독했고 그런 만큼 나는 가난이 싫었다. 가난은 어린 나를 부끄럽고 창피하게 만들었으며 무시당하게 했다. 그 삶은 고통스러웠다.

가난에서 벗어나고 싶었기에 나는 고등학교 졸업 여건을 갖추는 대로 취업전선에 뛰어들었다. 그렇게 봉제공장, 막노동, 일용직, 용접일 등 닥치는 대로 일하다 생각이 바뀌었다. 남들과 똑같은 유형의 일을 해서는 가난에서 벗어날 수 없음을 깨달았기 때문이다.

더 많은 수입을 올리려면 목숨을 걸어야 했다. 몸값을 높이기 위해서는 지식이 있거나 아니면 기술을 갖춰야 하는데 내게는 아무것도 없었다. 그러니 목숨이라도 걸어야 했다. 고민 끝에 나는 1992년 1월 전기외선 1종인 전업사에 취업해 목숨 걸고 일했다.

기술이 있느냐 없느냐에 따라 하루 일당이 5배에서 10배까지 차이가 났다. 기술이 없으면 한 달 월급이 50만 원인 반면 기술이 있으면 하루 일당 15만 원부터 시작했다. 기술이 없었기에 나는 한 달 월급 50만 원부터 시작했다. 잔심부름부터 온갖 허드렛일을 도맡아 하면서 머릿속은 언제나 하루빨리 기술을 익히자는 생각으로 가득했다.

자투리 시간이라도 내려면 부지런히 움직여야 했다. 그렇게 나는 틈틈이 자재 명칭과 사용 방법 혹은 원리를 외웠다. 한 시간 일찍 출근해서 외우고 퇴근한 뒤에도 외웠다. 자재 정리가 좀 늦어도 명칭과 용도를 소리 내 말하면서 정리하면 빨리 익힐 수 있었다. 빨리 숙지하면 실수 없이 빠르고 정확하게 일할 수 있어서 아주 좋다.

그다음으로 배운 것은 전봇대에 올라가는 방법이다. 안전띠를 이용해 전봇대에 오르는 것은 보기보다 엄청 어렵다. 우선 허리에 안전띠를 착용하고 밧줄을 전봇대에 건다. 이어 양발로 전봇대를 감싼 채 이를 지지대로 삼아 허리의 힘으로 전봇대 위로 치고 올라간다. 절대 쉽지 않다. 삼박자에서 한 부분만 흐트러져도 곧장 땅바닥으로 곤두박질치고 만다.

나는 일찍 출근해서 연습하고, 점심시간에도 연습하고, 퇴근 후에도 연습했다. 심지어 휴일에도 연습했다. 그렇게 연습해서 전봇대에 자유롭게 오르는 실력을 갖추는 데 꼬박 2개월이 걸렸다. 그야말로 원숭이 수준의 실력을 쌓았다. 가장 힘들다는 나무 전봇대도 자유자재로 오를 정도였다. 그때의 기쁨과 쾌감, 성취감은 30여 년이 흐른 지금도 잊을 수가 없다. 요즘엔 '바가지차' 라는 고급장비가 있어서 전봇대에 힘들게 오를 필요가 없다.

기술 습득은 여기서 끝나지 않았다. 전봇대 위에서의 기술도 습득해야 했다. 실은 이제부터가 진짜 기술이다. 순간의 실수가 대형 사고로 직결되고 생명까지 잃을 수 있기에 집중하고 또 집중해야 한다. 그만큼 긴장감이 증폭될 수밖에 없다.

더구나 이것은 혼자 익힐 수 있는 기술이 아니었다. 이 기술을 습득하려면 선배의 도움이 절대적으로 필요했다. 그런데 공교롭게도 기술이 생명이고 밥줄이다 보니 선배들은 좀처럼 기술을 가르쳐주려 하지 않았다. 부탁도 해보고, 애교도 떨어보고, 밥이나 술을 사줘도 마찬가지였다.

이래서는 안 되겠다 싶어 일단 작업 현장에 가면 작업할 전봇대를 확인하고 먼저 올라가 작업 준비를 마쳤다. 곧이어 선배가 올라와 작업을 했다. 이때 작업 상황을 두고 이것저것 질문을 했다. 그러면 선배는 "말이 많다" 라고 핀잔을 주면서도 하나씩 알려주었다. 알려준 것을 재차 물으면 안전모를 쓴 머리를 연장으로 때리기도 했다. 설령 얻어맞더라도 정확히 배워야 안전하다. 그리고 그 순간만큼은 절대 잊으면 안 된다. 두 번의 가르침은 없기 때문이다. 그렇게 기술을 익힌 뒤 나는 수입이 급상승하는 기쁨을 맛봤다.

아쉽게도 그 기쁨은 그리 오래가지 않았다. 1992년 8월 17일

오전 10시 30분경 오전 새참을 먹고 나서 나는 작업책임자의 작업지시에 따라 일을 시작했다. 큰 도롯가에 있는 16미터 전봇대에 올라가 진행하는 일이었다. 바로 그 작업을 하던 중 왼손이 2만 2,900볼트 고압 전기에 직접 닿으면서 감전되는 사고가 났다.

그 순간 펑! 하는 소리와 함께 눈앞에 이런저런 형상이 스쳐 지나갔다. 돌아가신 아버지가 보였고 어머니와 형제 그리고 검은 도포에 검은 갓을 쓴 형체가 차례로 눈앞에 보였다가 연기처럼 사라져갔다. 정말 신기한 현상이었다.

첫 번째 감전으로 중심이 흐트러지면서 두 번째에 이어 세 번째 감전까지 겪었다. 살려달라고 소리를 질렀으나 누구도 올라와서 도와줄 수 있는 상황이 아니었다.

#죽여주세요, 제발!!!

전봇대에 매달려 내 몸 상태를 확인해보니 그야말로 처참했다. 고압전선에 직접 닿은 왼손은 근육 파열로 살점이 터졌다. 불행 중 다행으로 전기가 왼발로 빠져나가면서 목숨은 건졌다. 전기가 빠져나가지 않았으면 현장에서 즉사했을 것이다. 전기가 빠져나가면서 화염에 휩싸인 왼발에는 커다란 수포가 생겼다. 오른손 집게손가락은 새까맣게 타버렸고 오른발 신발도 타고 있었다.

전기 스파크로 인해 등과 엉덩이에 불이 붙었지만 끌 수가 없었다. 나는 뜨겁다고 소리를 질렀다. 살려달라고 고함을 친 지 30여 분이 지난 뒤 두 명의 동료가 황급히 올라왔다. 그중 한 동료는 불길에 휩싸인 내 몸을 보더니 공포에 질려 벌벌 떨면서 꼼짝하지 못했다. 함께 올라온 동료가 "정신 차려!"라고 소리 지르자 그제야 깜짝 놀라 급히 내 몸을 밧줄로 꽁꽁 묶어 전봇대 아래로 내렸다.

나는 6인승 밴 화물차 뒷좌석에 실려 광주에 있는 전남대학교병원까지 쏜살같이 달렸다. 그러는 중에도 몸에서는 불이 꺼지지 않고 타고 있었다. 뜨겁다는 내 외침에 동료들이 황급히 불을 껐다. 1시간 30분 거리를 최대한 빨리 달려 50여 분 만에 병원 응급실에 도착했다. 그렇지만 병원 응급처치는 링거를 여러 개 놓는 게 전부였다.

더 절망스럽게도 의사의 첫마디는 이러했다.

"우리 병원에서는 치료가 불가합니다. 살리고 싶으면 빨리 서울의 화상 전문병원인 한강성심병원으로 가야 합니다."

동생의 사고 소식에 손위 형이 곧장 달려왔다. 형과 눈이 마주치는 순간 속에서부터 끓어오르는 눈물이 하염없이 쏟아졌다. 마치 고장 난 수도꼭지처럼 그 눈물은 잠글 수가 없었다.

형은 더 생각할 것도 없이 서울행을 택했다. 우리는 사설 구급차를 타고 달려 새벽 2시경 여의도에 있는 한강성심병원 응급실에 도착했다. 그곳에서 의사를 기다리던 중 나는 나와 비슷한 상황에 놓인 환자를 보았다. 온몸에 붕대를 감은 그 사람은 10여 미터 떨어진 침상에서 크게 신음하고 있었다.

어느 순간 의사가 와서 내 상태를 확인하더니 내가 본 환자를 가리켰다. 저 환자도 화상 환자인데 치료할 수가 없어서 저렇게 대기하고 있으니 선택하라는 것이었다. 이대로 응급실에서 마냥 기다리거나 아니면 다시 광주로 내려가야 했다. 그 선택의 순간에 내가 형에게 말했다.

"죽어서 내려가기도 싫고, 설령 죽더라도 고향병원에서 치료하다 죽을래."

우리는 1초도 고민하지 않고 다시 전남대학교 병원 응급실로 돌아왔다. 그렇게 아무런 조치도 없이 3일간 응급실에 있었다. 나는 분명 생사의 갈림길에 선 응급환자인데 왜 3일 동안 응급실에 있어야 했을까? 응급실에서 3일을 버티면 살릴 가능성이 있고 버티지 못하면 죽는 것이었다.

용케도 그 3일을 버텨냈다. 악으로, 깡으로, 살겠다는 정신력으로 버텨낸 나는 이윽고 본관 8층 823호에 입원했다.

고압 전기 감전 환자는 한 달을 지켜보며 환부의 괴사 상태를 살핀 뒤 수술을 결정한다. 그때까지 이틀에 한 번씩 환부를 소독하는데 나는 전신 소독이 필요했다. 등부터 엉덩이까지는 전신 45% 4도 화상이었다. 왼팔은 괴사가 진행 중이었다. 왼발의 화상 상태는 심각한 수준이 아니라서 잘 치료하면 살릴 수 있다고 했다. 오른손 손등도 심한 화상을 입었고 집게손가락은 절단했다. 오른발은 화상으로 엄지발가락이 떨어져 나간 상태였다. 그러다 보니 전신을 소독해야 했다.

소독하기 전에는 반드시 모르핀 마약류 주사를 맞는다. 이어 입에 거즈를 한가득 넣고 물으면 온몸에 포타딘 소독약을 붓는다. 그리고 화상 입은 상처를 수세미 같은 의료용품으로 문지른다. 괴사가 심한 부분은 메스로 잘라내는데 그 고통은 말로 표현하기 어렵다. 그야말로 다시는 경험하고 싶지 않은 지옥의 고통이다. 어찌나 고통이 심한지 치료를 포기할 테니 제발 죽여달라고 소리 지르고 난동을 피워도 누구 하나 들어주는 사람은 없었다.

치료하는 모습을 지켜보는 형은 말없이 눈물을 흘리며 발만 동동 굴렀다. 치료할 때의 고통이 너무 심해 목이 쉬도록 소리를 지르다 지쳐서 혼절하기도 했다. 한번은 의사를 만나 간절하게 부탁했다. 치료가 너무 힘들어서 더는 버티지 못하겠으니 제발 죽여달라고. 그는 묵묵부답이었다.

지옥의 고통을 안겨준 그 시간도 더디지만 흘러갔다. 한 달 후 첫 수술을 하기로 했다. 고압 전기에 직접 닿은 왼팔은 팔꿈치 아래를 절단하기로 했다. 전기가 빠져나간 왼발은 걸을 수 있게 살려준다고 했다. 소독할 때 왼팔은 팔꿈치 위쪽까지 괴사가 진행

된 것을 보았고, 손목 쪽은 뼈까지 보였으니 빨리 단념했다. 그렇게 나는 마음을 비우고 수술실용 이동 침대에 누웠다.

#팔과 다리를 잃다

수술을 마치고 회복실에서 깨어난 뒤 간이 이동 침대로 옮겨가는데 아래쪽이 허전했다. '에이, 아닐 거야!!!' 라고 생각하면서도 불안감이 밀려왔다. 그래도 아니라고 믿었고, 믿고 싶었다.

이런저런 생각에 휩싸여 병실 침대에 도착했다. 내 몸을 침상으로 옮기는데 이번에도 아래쪽에 허전함이 느껴져 형에게 물었다.

"아무래도 다리가 없는 것 같은데 볼 수가 없으니 확인 좀 해줘."

형은 다짜고짜 울기 시작했다.

"형, 왜 그래!"

형은 그대로 눈물을 쏟아내며 다리를 절단했다고 했다. 처음에는 믿지 않았다. 직접 확인하고 싶어서 어렵사리 상체를 구부려 다리 쪽을 봤다. 압박붕대로 감아놓은 내 다리는 마치 닭 다리처럼 커다랗게 보였다. 느낌상으로는 왼쪽 다리가 있었다. 현실은 절단한 부분의 환부를 감아놓은 것뿐이었다. 그래도 신경이 살아 있어서 다리가 있다는 느낌이 들었다.

너무 놀라 눈물도 나오지 않았다. 다리가 없다고? 다리가 없

다고? 다리가 없다고? 이 말을 천 번도 더 되뇌었다. 그때 생각난 것은 딱 한 가지밖에 없다. 평생 걷지도 못하고 살아갈 바에는 죽는 게 낫다!

어떻게 죽을까? 일단 죽을 결심을 하고 어떻게 죽을지 고민에 빠졌다. 등의 화상으로 엎드려 있는데 어떻게 하지? '어떻게 하지'를 반복하던 중 내가 링거로 생명을 유지한다는 사실이 떠올랐다. 나는 링거대에 걸려 있는 링거줄을 오른손 손목에 감은 뒤 있는 힘껏 흔들어서 넘어뜨렸다. 그 순간 몸에 꽂혀 있던 커다란 주삿바늘이 쑥 빠졌다. 피가 흐르는 것이 보여서 나는 조용히 눈을 감았다. 그런데 헐~, 어떻게 이럴 수 있단 말인가? 1992년 당시 링거는 대부분 유리병이었다. 링거병이 병실 바닥에 쏟아지면서 쨍그랑 소리가 크게 나자 간호사가 즉각 달려왔다. 간호사는 신속하게 후속 조치를 했고 죽으려던 내 계획은 실패로 돌아갔다.

그다음으로 떠올린 것은 침상에서 바닥으로 떨어지면 죽을지도 모른다는 생각이었다. 온몸을 붕대로 감싼 나는 턱과 몸통을 이용해 조금씩 조금씩 침상 가장자리로 갔다. 이제는 떨어지기만 하면 된다는 생각에 아무도 없는 틈을 엿보고 있는데, 하필이면 그때가 간호사 근무교대 시간이라 회진을 돌고 있었다. 내 병실까지 온 그들은 서로 상황을 보고했고 그러던 중 내 몸 상태를 이리저리 살피던 수간호사가 낙상 방지용 난간대를 올렸다.

또다시 실패했다.

모든 걸 단념하고 현실을 받아들여야 했으나 좀처럼 그럴 수가 없었다. 현실을 인정하면 생각과 행동이 긍정적으로 바뀌는데 당시에는 내 현실을 인정하기가 어려웠다. 나는 모든 것을 부정했고 모든 것을 거부했다.

힘든 나날을 보내던 중 절단한 팔, 다리와 작별할 시간이 왔다. 팔과 다리를 병원 냉동실에 보관하는 것도 매일 계산하는데 요금이 상당히 비싸서 하루빨리 옮겨야 했다. 냉동 상자에 담긴 팔과 다리를 보며 마지막 인사를 하는데 눈물부터 났다. 흐르는 눈물을 간신히 멈추고 나는 속으로 이렇게 외쳤다.

'머지않아 곧 만나자!'

그렇게 작별한 내 팔과 다리는 아버지 산소 곁에 잠들었고 나는 매년 8월 17일 그들을 만나러 간다.

내가 실의에 빠져 멍한 상태로 시간을 보낼 때 친구가 찾아왔다. 형 같은 친구다. 실제로 나보다 나이도 많지만 생각이나 행동이 형 같아서 '형 같은 친구'다.

화상 환자는 문병하기가 쉽지 않다. 특히 나는 4도 화상으로 피부가 썩어가는 상황이라 병실에 살 썩는 고약한 냄새가 진동했다. 그러니 누구도 쉽사리 문병하러 오지 못했다. 화상 환자는 문병을 제한하는데 일주일 후 군에 입대하는 그 친구는 문병을 허락받았다. 그는 내 모습을 보자마자 깜짝 놀랐다. 전해 들은 이야기보다 상태가 훨씬 더 심각했기 때문이다. 친구는 형에게 입대 전까지 병간호하면서 함께 있고 싶다고 부탁했다. 그렇게 그 친구가 일주일 동안 내 병간호를 해줬다.

친구는 팔과 다리를 잃은 나를 보고 간호사실에 가서 조직 검사를 해달라고 요청했다. 조직이 일치하면 팔과 다리 중 하나라도 내게 나눠주고 싶어서였다. 나는 다음 날 아침 수간호사가 회진 시간에 친구의 얘기를 들려줘서 알게 되었다. 그 말을 듣는 순간 마음이 울컥하면서 고마움이 밀려왔다. 빈말도 아니었고 설사 빈말일지언정 결코 쉬운 일이 아니었다.

마침내 입대 전날이 왔다. 내일이면 친구는 군에 입대해야 한다. 어쩌면 그날 밤이 살아서 그와 함께하는 마지막 밤이 될 수도 있었다. 그날 밤 나는 친구에게 수간호사에게 들은 얘기를 했다. 친구는 눈물을 흘리며 "주지 못해서 미안하다"라고 말했다. 우리는 아무 말 없이 한참을 함께 울었다. 내 눈물에는 다시는 못 볼 것 같은 예감이 섞여 있었고, 친구의 눈물에는 떠나는 사람의 슬픔이 섞여 있었다.

하지만 나는 친구에게 약속했다. 반드시 살아서 면회를 가겠다고. 나는 그다음 해인 1993년 11월경 기어코 그 약속을 지켰다. 친구가 군 복무를 하는 김포공항경찰대로 면회를 간 것이다. 그 친구와의 약속 덕분에 내게는 살고자 하는 희망이 생겼고, 그 희망은 팔과 다리를 잃었다는 아픔을 잊게 해주었다.

#화상 치료는 간접적인 지옥 체험

친구와 약속한 나는 마음을 바꿔 열심히 치료받기로 했다. 내 모든 현실을 인정하고 받아들이자 뭐든 하겠다는 긍정적인 마음으로 바뀌기 시작했다. 왼쪽 다리 절단도 나를 살리기 위한 최고의 방법이었다고 생각하니 마음이 한결 편안해졌다. 팔과 다리를 주고 목숨을 건졌다고 관점을 바꾸면서 몸과 마음이 구름처럼 가벼워졌다. 일단 치료 쪽으로 방향을 정했으니 어떠한 치료도 감사하게 받기로 했다. 이는 살기 위한 몸부림의 시작이었다.

절단한 환부의 상처가 말끔하게 낫는 데 걸리는 시간은 2주 정도면 충분했다. 이젠 화상 치료와 싸워야 했다. 화상 치료는 굉장히 무섭고 힘든 치료다. 썩어가는 살을 잘라내야 새살이 빨리 차오른다. 그런데 그 고통을 참아내는 건 지옥을 간접 체험하는 것과 같다고 말해도 무방할 정도다.

나는 그 지옥을 이틀에 한 번은 꼭 건너야 했다. 환자나 치료하는 주치의나 힘들기는 매한가지다. 화상 치료가 어찌나 힘들었던지 소독을 두 번이나 건너뛰는 사건이 벌어졌는데 그것이 문제가 됐다. 월요일 아침이면 대학병원 교수의 회진이 있다. 그때 내 몸을 본 교수가 깜짝 놀라며 "몸 상태가 왜 이래!"라며 화를 냈다. 소독을 언제 했느냐고 물은 그는 지난 화요일에 하고 하지 않았다는 대답을 들었다.

그 말이 끝나기도 전에 교수는 내 주치의의 정강이를 그대로 갈겨버렸다. 교수는 왜 소독하지 않았느냐고 따져 물었다.

"소독 중에 등에서 피가 나와 천장까지 치솟는 바람에 무서워서 못 했습니다."

교수는 의사의 자질까지 들먹이며 아주 많이 혼을 냈다. 그만큼 화상 환자 치료는 끔찍하고 무서운 일이다.

나는 등에 화상을 입어 24시간 내내 병원의 작은 침대에 엎드려서 지내야 했다. 그러다 보니 몸이 점차 굳어갔다. 3개월이 지나자 온몸이 통째로 각목처럼 뻣뻣하게 굳었다. 사용할 수 있는 신체 부위는 머리 쪽밖에 없었다.

그렇게 엎드린 상태로 일상생활을 이어가야 했다. 엎드려서 밥을 먹으면 밥 따로, 국 따로, 반찬 따로 먹을 수가 없다. 밥그릇에 반찬을 올려주면 비벼서 먹는데 목구멍으로 잘 넘어가지 않아 먹다가 많이 토하기도 했다. 그나마 밥은 괜찮았다. 굵직한 항생제를 먹다가 토하면 토사물이 가슴 쪽으로 흘러내리면서 침대 시트커버에 세계지도를 그리기 일쑤였다. 그러면 시트커버를 교체하기 위해 일대 소란이 벌어진다. 가끔 특식으로 김밥을 먹었는데 정말 꿀맛이었다. 무엇보다 한입에 먹을 수 있어서 좋았다. 하지만 아무리 좋은 음식도 가끔 먹어야 맛있지 자주 먹으면 질려버린다.

그때를 생각하면 비빔밥이나 김밥이 징글징글할 만도 한데 난 그렇지 않다. 오히려 비빔밥과 김밥을 좋아한다. 먹을 수 있어서 감사했고 잘 먹은 덕분에 쾌유가 빨랐다고 생각하니 고맙기까지 하다.

잘 먹었으면 잘 내보내야 한다. 나는 그것도 엎드려서 해결했다. 엎드려서 용변을 보는 것은 무척이나 힘들고 싫은 일이었다. 더구나 엉덩이마저 화상으로 상처가 심했기 때문에 내게는 용변 보는 일이 두렵기까지 했다.

대다수가 당연하게 여기는 먹는 것과 싸는 것이 내게는 전혀 당연하지 않았다. 나한테는 어느 것 하나도 쉬운 게 없었다.

치료 기간이 길어지면서 2개월 동안 혼수상태에 빠져 먹지 못하고 잠만 자기도 했다. 그 두 달은 내 기억에 그냥 백지로 남아 있다. 몸은 더욱더 굳어갔고 삐쩍 말라 가죽과 뼈밖에 남지 않았다. 어느 날 문득 정신을 차리고 팔뚝을 본 나는 깜짝 놀랐다. '이러다가 죽겠구나' 하는 생각이 들 정도로 몸 상태가 엉망이었다. 그때 친구와 한 약속을 떠올린 나는 정신이 번쩍 들었다.

그때부터 잘 먹으면서 작은 침대 안에서나마 최대한 몸을 움직이며 운동을 했다. 운동이라고 해봐야 작은 침대를 좌로, 우로 이동하는 것이 고작이었지만 움직이지 않으면 서서히 죽어갈 수밖에 없었다.

계속 몸을 움직이면서 몸 상태가 점차 나아졌다. 덕분에 피부 이식 수술을 진행했다. 화상 상처에서 더 이상 고름이 나오지 않고 새살이 차올랐기 때문이다. 양쪽 허벅지 피부를 떼어내 등과 엉덩이, 오른손 손등, 오른발 발바닥에 이식했다. 상처를 다 덮을 만큼 피부가 넉넉하지 않아 이식 수술 성공 여부는 반반이었지만 다행히 성공했다.

엎드려 생활한 지 9개월 만에 드디어 나는 앉을 수 있었다. 얼마나 기다려온 순간인가. 그런데 첫 느낌은 어지러웠다. 몸이 상반신은 하얗게, 하반신은 검게 변했다. 이는 혈액 순환 문제로 일어난 일시적인 현상이다. 시차를 두고 훈련을 거듭한 끝에 나는 앉아서 생활할 수 있게 되었다.

정말 좋았다. 가장 좋았던 것은 앉아서 용변을 보는 것과 앉아서 먹는 것이었다. 그 흔한 일상이 얼마나 고맙던지. 그 감사함을 누구보다 잘 알기에 나는 모든 일을 긍정적으로 보고, 생각하고, 행동하려 한다.

병원에 입원한 환자 유형은 매우 다양하지만 그중 가장 고통스러운 환자는 화상 환자라고 한다. 내 경험상 틀린 말은 아닌 것 같다. 그것은 지옥을 간접 체험하는 듯한 경험이었다.

#내 다리 내놔!

외상 치료가 거의 끝나가는 시점에도 나는 자유롭지 못했다. 스무 살에 사고가 났고 치료하는 동안 시간이 흘러 나는 스물한 살이 되었다. 그 경험으로 나는 많은 것을 잃었고 또 많은 것을 얻었다. 팔과 다리, 손가락과 발가락 그리고 45% 4도 화상 상처로 신체 일부를 잃었지만 살아남은 것은 내게 커다란 축복이다. 무엇보다 내 정신 건강이 어느 때보다 튼튼하고 강해졌다.

물론 버티고 살아남는 것은 내게 평생의 숙제다. 다행히 나는 정신 건강이 육체 건강을 지배해야 건강과 삶에서 양손에 호성적을 움켜쥘 수 있음을 배웠다.

생사의 갈림길에서 생을 선택하고 지옥 같은 치료를 견뎌낸 덕분에 나는 휠체어를 타고 병실 밖 세상과 마주할 수 있었다. 얼마나 보고 싶던 8층 A동 복도였던가. 복도에서 드레싱 카트가 다가오는 소리가 들리면 나는 꼼짝없이 엎드려서 공포에 떨어야 했다. 바로 그 복도를 직접 눈으로 확인하면서 나는 이게 꿈이 아닌가 싶었다.

눈으로 확인한 뒤 그곳에서 일어나는 현상을 이해하면 심리적 안정감이 높아진다. 반면 눈으로 확인하지 못한 상태에서 발생하는 현상은 이해나 기대보다 공포를 안겨준다. 눈으로 확인하고 상상할 수 있을 때 그나마 심리적으로 안정감이 생겨 뭐든 받아들일 마음의 준비를 하게 된다.

나는 휠체어를 타고 병원 구석구석을 누비고 다녔다. 내가 살아 있음을 증명이라도 하듯. 그 모습은 누구도 예상하지 못하던 결과다. 내 상태를 잘 알고 있는 한 병원 관계자는 나를 보면서도 믿기 어려웠는지 몇 번이나 물었다.

"네가 정말 백금기가 맞니?"

그렇게 나는 '기적의 사나이', '행운의 사나이' 가 되었다.

내가 장기간 병원 생활로 지치고 힘들어할 때 옆에서 많이 도와준 대표적인 사람은 간호사다. 그들은 오가며 이런저런 이야기를 들려주었고 가끔은 농담을 던지기도 했다. 때론 간식도 얻어먹었다. 피곤할 텐데도 퇴근 후 놀아주거나 책을 읽어주기도 했다. 내가 너무 아파서 고통에 짓눌릴 때 진통제를 놔준 고마움은 무엇에도 비길 수가 없다. 나는 병동 근무지가 바뀐 간호사를 찾아가 고마운 마음을 전하고자 휠체어를 타고 병원 곳곳을 누비고 다녔다.

"안녕하세요, 백금기입니다. 간호사님 덕분에 휠체어를 탈 수 있게 됐어요."

내가 인사하면 그들은 깜짝 놀라며 기뻐했다.

"오, 힘든 치료 잘 이겨냈구나. 이제 곧 퇴원하겠네."

어느 날 멋진 신사복을 입은 두 사나이가 내 병실을 찾아왔다. 절단한 내 다리의 의족을 맞추기 위해 석고로 본을 뜨러 왔다고 했다. 본을 뜨면 약 2주 뒤 강철로 만든 튼튼한 의족이 만들어진다. 석고용 붕대로 절단한 다리의 본을 뜨는 모습을 보니 처음엔 신기했다. 어느 정도 기대감도 있었다. 그러나 다음 순간 가슴이 답답해지면서 긴 한숨이 터져 나왔다.

2주 후 나는 의족을 받았다. 그런데 그걸 본 순간 반가움보다 화가 치밀어올라 의족을 창밖에 내던지고 말았다. 나는 침상에 누워 한없이 울었다. 의족을 보는 순간 내 몸에서 떠나버린 다리가 몹시도 그리웠기 때문이다. 분명 걸을 수 있게 해준다고 하지 않았던가. 그런 다리를 절단하고 의족을 새 다리라며 건네다니. 그걸 기다렸다는 듯이 선뜻 받아들 사람이 누가 있을까.

내가 구슬프게 우는 동안 누군가가 의족을 다시 내 앞에 가져다 놓았다. 나는 이번에도 다시 내던지며 큰 소리로 외쳤다.

"내 다리 내놔! 내 다리 달라고!!"

이성을 잃을 정도로 소리를 지르면서 목이 쉬어버렸다. 내가 어찌나 흥분했던지 재활의학과 교수가 황급히 달려와 나를 설득했다. 주변의 모든 사람이 설득하는 바람에 의족을 받아들이긴 했으나 쉽사리 손이 가지 않았다.

30여 분간 정적이 흘렀다. 이윽고 마음을 내려놓은 나는 의족을 이리저리 살피며 어떻게 착용하느냐고 물었다. 절단한 다리의 환부에 의료용 스타킹을 여러 장 끼워야 한다고 해서 오른손으로 힘겹게 한 장, 두 장 끼웠는데 좀처럼 잘 되지 않았다. 신축

성이 좋다 보니 벌어지지 않아 다섯 장을 끼우는 데 한참 걸렸다.

의족을 착용하고 밴드로 단단히 조인 다음 벽을 붙잡고 조심스럽게 섰지만 섰다는 기쁨을 30초도 느끼지 못하고 주저앉았다. 10개월 만에 처음 섰는데 균형을 잡기도 어려웠고 무엇보다 머리가 아프고 어지러웠다. 이것은 오랫동안 누워서 지낸 탓에 발생한 일시적인 증상이라 했다.

이제부터는 나 자신과의 싸움이었다. 서 있는 시간을 점차 늘려가면서 걸음마를 연습했는데 참으로 어려움이 많았다. 오른발에는 엄지발가락이 없었고 발바닥도 세로로 절반을 절단한 상태였다. 발가락 네 개는 들려 있는 상태로 굳어서 몸을 지탱하기가 어려웠다. 의족을 착용한 환부의 다리로 몸무게를 지탱하는 것은 무리한 일이었다. 통증이 심하게 밀려왔으나 참고 단련하는 것 외에 다른 방법은 없었다.

그렇게 두 번째 걸음마를 시작하면서 알게 된 것은 내 몸의 소중함이다. 나는 많은 것을 잃은 후에야 내 생의 최고 보물은 '몸'이라는 것을 깨달았다.

#화장실이 무서워요

휠체어 이용 시간을 줄이고 걷는 시간을 늘리자 걷는 거리와 의족 착용 시간이 조금씩 늘어났다. 다행히 긍정적인 생각과 강한 의지 덕분에 버텨내면서 빠르게 적응할 수 있었다. 나는 무슨 일이든 마음먹기에 달렸다는 얘기에 100% 공감한다.

의족을 착용하고 걸을 때 가장 위험한 것은 낙상이다. 내 경우에는 더욱더 위험했다. 왼팔이 없어서 넘어지면 머리부터 땅바닥에 부딪힐 수 있어서다. 평탄하지 않아도 위험하고, 턱이 있어도 위험하고, 작은 돌을 밟아도 균형이 흐트러지니 위험하다. 또한 땀이 나면 벗겨질 수 있어서 위험하다.

그렇다고 불편한 점만 있는 것은 아니다. 좋은 점도 있다. 닳고 낡아도 수리하면 언제든 새 다리가 된다. 발목이나 발가락 통증은 평생 겪지 않는다. 위급할 때는 망치 같은 무기로 사용할 수도 있다. 때론 베개 역할도 한다.

모든 일에는 양면성이 있다. 이때 어느 쪽을 보느냐에 따라 상황이나 현실은 완전히 달라진다. 나쁘고 불편한 쪽이 아닌 좋고 편리한 쪽을 보면 비록 의족이지만 감사하며 착용하고 살아갈 수 있다.

어느덧 보행에 탄력이 붙으면서 평지를 걷는 데는 자신감이 생겼다. 가장 먼저 가보고 싶었던 곳은 집이었다. 주말을 이용해 외박을 신청한 나는 집에 갔다. 딱 10개월 만에 집에 왔는데 모든 것이 낯설었다. 한 걸음, 한 걸음 마당을 걸어 마루에 앉자 내 의지와 상관없이 뜨거운 눈물이 볼을 타고 흘러내렸다.

어머니와 형은 그만 울라고 말리지 않았다. 그 눈물의 의미를 누구보다 잘 알았기 때문이다. 그렇게 한참을 울었다. 그 울음에는 많은 의미가 담겨 있었다. 살아서 돌아온 기쁨, 신체 일부를 잃은 아픔, 미안함, 고마움 등 온갖 감정의 범벅이었기에 누구도 막을 수 없었으리라.

사고가 나던 날 아침, 출근하면서 "엄마, 다녀올게요" 하고 나선 집에 10개월 만에 돌아왔는데 팔과 다리를 절단하고 손가락과 엄지발가락을 잃었다. 여기에다 전신 45% 4도 화상으로 몇 번이나 죽을 고비를 넘겼다. 그래도 나는 축복받은 생명이었다.

통계청 자료에 따르면 2018년 근로자 1만 명당 2,142명이 산업재해로 사망했다. 나는 살아서 돌아왔으니 얼마나 다행스러운 일인가. 장애마저 축복이라 할 수 있다.

외박 첫날 오후에 보슬비가 내렸다. 10개월 만의 귀가에 하늘도 기쁨의 눈물을 흘리는 것 같았다. 어머니는 아들이 왔다고 암탉을 잡아 백숙을 해줬다. 다시는 못 먹을 줄 알았던 어머니의 밥상은 수라상보다 더 화려했다. 배가 터질 정도로 맛있게 잘 먹었다. 뒷일 걱정은 생각지 않고 일단 맛있게 먹었다.

그러다 뜻하지 않은 문제에 부딪혔다. 병실에서는 화장실이 바로 옆에 있어서 화장실 이용이 편리했다. 시골집은 안채와 화장실이 20미터 정도 떨어져 있었다. 자정이 넘어갈 즈음 배에서 신호가 왔다. 그것도 서둘러 처리하라는 급신호였다.

황급히 의료용 스타킹을 끼우고 의족을 착용한 뒤 마루로 나가 신발을 신었다. 재빨리 마당을 건너는데 다급한 마음에 보폭을 넓게 했더니 그만 흙탕물에 미끄러지면서 넘어졌다. 이때 항문의 괄약근이 풀리면서 바지에 실수하고 말았다. 그 실수보다 더 서러웠던 것은 앞으로 계속 장애인으로 살아야 한다는 내 현실이었다. 그 현실에 망연자실한 나는 내 처지가 서글퍼 한참을 일어나지 못했다.

결국 어머니의 도움을 받아 문제를 해결하면서 다짐했다. 또다시 그런 모습을 보이지는 말자고. 그럴 수는 없었다. 퇴원하고 집에서 벌어질 일을 미리 경험한 셈이었다. 더구나 시골집 화장실은 좌변기가 아닌 재래식이라 미리 조심했어야 했다. 아, 화장실마저 내게는 두려움으로 다가왔다.

요즘에는 의족을 착용할 때 의료용 스타킹 대신 실리콘 재질의 실리콘 라이너를 끼우기 때문에 착용이 굉장히 쉽다.

집에서 어머니의 사랑을 듬뿍 받고 왔지만 1박 2일로는 짧았다. 나는 하루빨리 건강하게 퇴원해 어머니와 함께하겠다는 다짐을 하며 열심히 재활치료에 임했다.

그다음 치료는 왼팔에 의수를 착용하고 이것을 활용하는 재활

치료였다. 그런데 의수를 착용하면 오른팔이 더 불편했다. 왼팔은 팔꿈치 관절이 없다 보니 굉장히 불편했고 잔존 가치가 낮았다. 혼자서 의수를 착용하려면 의료용 스타킹을 끼우고 오른쪽 겨드랑이에 의수 고리를 끼워 흘러내리지 않게 해야 했는데 그 점이 여간 불편한 게 아니었다. 오히려 오른팔 사용마저 불편해져 착용하지 않았다. 물론 지금은 의수를 착용하지 않고는 외출하지 않을 만큼 잘 착용한다. 단, 기능이 없는 모형 의수만 착용한다. 그 가장 큰 이유는 가벼워서다.

의족을 착용하고 걸으면 보폭이 좁아진다. 또 왼쪽 팔이 없어서 오른팔만 사용하다 보니 일상생활 자체가 힘들고 느리다. 이는 명백한 내 현실이다. 그렇다고 못 하는 것이나 안 되는 일이 있는 것은 아니다. 설령 의족과 의수로 살지라도 삶이 던져주는 두려움에 미리 지혜롭게 대비하면 즐겁고 행복하게 살아갈 수 있다. 어떤 삶이든 소중한 내 인생이 아닌가.

#준비 없는 도전과 실패

 의수와 의족을 착용하고 환자복이 아닌 사복을 입으니 완전히 새로운 사람이 된 듯했다. 이제 대학병원 치료가 아니라 작은 병원으로 옮겨 재활치료를 하기로 했다. 그것을 거치고 나면 일상생활에 불편을 느끼지 않을 정도로 회복할 수 있었다.

 1992년 8월 17일 나는 들것에 실려 대학병원 응급실에 왔다. 그리고 1993년 8월 20일 걸어서 퇴원했다. 이것은 그 자체로 커다란 성과이자 기적이다.

 퇴원할 때 나는 치료에 도움을 준 모든 분께 떡으로나마 감사의 마음을 전하고 당당히 걸어서 퇴원했다. 이후 작은 병원으로 옮겨 약 2개월 동안 재활치료를 받은 뒤 큰 맥락의 치료를 끝냈다. 물론 몇 번의 마무리 수술은 대학병원에서 이뤄졌다.

 치료가 끝나니 회사와의 보상 문제를 처리하는 일이 남았다. 회사 측과 몇 번 만나긴 했으나 진행이 순탄하지만은 않았다. 만남은 신경전으로 이어졌고 서로의 의견이 엇갈리면서 소송 얘기까지 나왔다. 나는 '소송'이라는 단어만 들어도 무섭고 떨렸다. 반면 이런 일을 여러 번 경험한 회사에는 변호사, 돈, 능력이 있었다. 경험도, 변호사도, 능력도, 돈도, 정보도 없는 데다 나이마저 어린 내게 그것은 골리앗과 다윗의 싸움이나 마찬가지였다.

 해결 방법을 전혀 모르다 보니 회사 측에서 요구한 대로 사인이 이뤄졌다. 그때 배움의 중요성을 절실하게 깨달았다. 모르면 당하는 법이다.

앞으로 나는 장애인이라는 꼬리표를 달고 평생을 살아야 한다. 그래서 보상금을 잘 활용해 미래를 준비할 필요가 있었다. 결과를 미리 말하자면 나는 그러질 못했다. 대한민국에서 장애인으로 살아간다는 것은 몹시 힘들고 어려운 일이다. 차라리 에베레스트를 오르는 게 더 쉬울 거라고 얘기할 정도로 말이다. 때로 장애인이라고 무시당하고 차별받으면 어금니가 자동으로 꽉! 깨물어지기도 한다. 아무튼 나는 1993년부터 장애인으로 살아야 했다.

재활치료는 집에서도 계속 이어졌다. 나는 걷고 또 걸었고 몸을 최대한 움직이면서 빠져나간 근육을 회복하기 위해 노력했다. 덕분에 집 밖으로 나갈 수 있었고 사람들 틈에서도 넘어지지 않을 정도가 되었다.

하지만 이건 내 생각일 뿐이었다. 나를 바라보는 사람들의 시선은 무척이나 따가웠다. 의수를 착용하지 않고 걸음걸이가 삐뚤삐뚤한 나는 한눈에 봐도 지체장애인이었다. 사람들은 고개가 돌아갈 정도로 나를 쳐다봤는데 그 시선이 무척이나 무서웠다. "어쩌다가 이렇게 됐어?", "짠하네" 같은 말을 만 번도 더 들었던 것 같다.

장애인은 그저 비장애인과 다를 뿐이다. 그냥 사연이 있는 다른 사람으로 봐주고 동정하는 말을 건네지 않았으면 좋겠다.

동정하는 말조차 날카로운 비수로 꽂힐 수 있다는 것을 알아줬으면 한다.

건강해지니 일하고 싶었다. 장애인으로서 내가 사회에 첫발을 내디딘 곳은 동네 비디오 가게였다. 그곳에서 2년 정도 일했는데 장애인으로서 첫 사회 진출은 성공적이었다. 특히 지역 주민들의 도움 덕분에 장애를 딛고 설 수 있겠다는 자신감을 얻었다.

그다음에는 과감하게 좀 더 활동적이고 도전적인 업종에 투자했다. 광주광역시와 근교의 작은 슈퍼 300여 곳에 음료와 잡화를 제공하는 유통업을 인수한 것이다. 이는 내 투자와 지인의 능력을 결합한 합작품이었다.

2.5톤 화물차에 물건을 싣고 요일별로 코스에 맞춰 물건을 납품했는데 때는 1997년으로 IMF 사태가 발생한 해의 봄이었다. 고정거래처를 인수했으니 여름까지는 그런대로 장사가 괜찮았다. 한데 가을부터 매출이 곤두박질치면서 수입보다 지출이 많아졌다. 더구나 물건이 나가지 않아 계속 창고에 쌓여갔다. 심지어 외상 대금을 받지 못하고 떼이면서 어려움이 증폭됐다. 결국 투자한 사고보상금을 모두 날렸는데 무려 집 한 채 값이었다. 하늘이 무너진 듯 절망스러웠고 그저 죽고 싶은 마음뿐이었다. 그 투자금이 어떤 돈이란 말인가?

철저한 준비 없는 사업은 미래를 불안하게 만들 수 있다. 나는 실패를 경험하며 그것을 깨달았다. 어떤 업종이든 마찬가지다.

아무리 열정이 넘쳐나도 이를 마음에 고이 품고 철저한 준비, 즉 공부부터 해야 한다. 모든 물건에는 사용설명서가 있지만 안타깝게도 '돈 사용설명서'는 존재하지 않는다.

그러므로 내 분야에서 최고가 되겠다는 간절한 마음으로 스스로 성공과 실패를 분석하고 터득해야 한다. 이때 가장 우선시해야 하는 것은 자신의 장점과 능력을 살리는 일이다. 사회에 진출하기 전 우리는 유치원과 초·중·고등학교까지 12년 넘게 공부한다. 그리고도 부족해서 대학교 4년에 대학원까지 다닌 뒤 사회에 첫발을 내디딘다. 사실 그러한 공부 없이 사회에 진출하는 것은 살얼음판을 걷는 것과 같다.

나는 실패하고 나서야 무엇을 잘못했는지 깨달았다. 안타깝게도 이미 많은 것을 잃은 뒤였다. 그래도 깨우치고 알았으니 다행이다.

앞으로 무엇을 하면서 어떻게 살아야 할 것인가? 이 질문이 머리를 떠나지 않았다. 그 걱정으로 상심과 불만과 세상을 향한 불평이 커져만 갔다. 그러나 나는 누구에게도 말하지 못하고 밤잠을 설치며 그 고통에 온몸을 내던졌다.

2장 멘토를 만나다

———————— #생과 사 ————————

실패가 두렵고 미래도 불안해서 도무지 집 밖으로 나갈 수가 없었다. 그렇게 집에 있는 시간이 길어지면서 나는 삶의 의욕을 완전히 잃었다. 그냥 살맛이 나지 않았다. 모든 게 무섭고 두렵고 불안했던 순간 나는 하지 말아야 할 행동을 했다.

대한민국은 의약분업을 2000년 6월 시행했고 그 이전까지만 해도 의사의 처방전 없이 수면제를 쉽게 구할 수 있었다. 더구나 나는 장애인이라 약국에 가서 절단한 환부를 보여주며 환상통 때문에 불면증이 심하다고 말하면 어렵지 않게 수면제를 살 수 있었다. 나는 약국 몇 곳을 전전해 수면제를 50알 정도 준비했다.

중증장애인은 삶의 고민이 특히 더 무겁다. 무엇을 하며 어떻게 살아야 할지 고민하다 보면 어느 순간 눈앞이 아득해지면서 출구가 없는 컴컴한 동굴에 갇힌 느낌을 받는다. 이럴 때는 몸서리치다 경기를 일으키거나 숨이 막혀 죽을 것 같은 느낌에 빠져든다. 곧 무슨 일이 벌어질 것 같은 공포감도 덮쳐온다. 그러다 결국 단 하나의 생각만 남는다. 모든 것을 조용히 정리하고 싶다는.

그날 새벽 3시경 나는 라면에다 소주 반병을 마시고 준비한 수면제 50알을 털어 넣고는 밤하늘의 별을 보며 눈을 감았다. 그냥 그대로 영원히 잠들었으면 했다. 그러나 내게는 그런 편안함마저 허락되지 않았다.

10여 분이 지났을 즈음 속이 부글부글 끓더니 내가 집어넣은 것들이 밖으로 쏟아져 나오기 시작했다. 속에서 어찌나 강하게 거부 반응을 보이던지 초록색 위산까지 다 튀어나왔다. 고꾸라질 만큼 격한 위장 통증을 느낀 나는 결국 택시를 타고 병원 응급실로 갔다. 자초지종을 들은 병원 측은 곧바로 위 세척에 들어갔고 부산한 과정을 거치고 나서 통증은 사라졌다. 어머니께 못 볼 꼴만 보여준 것 같아 너무 죄송했고 나 자신이 한심스러웠다.

내 생명의 문을 스스로 닫고 싶어 한 사건은 그렇게 끝났지만 크게 달라질 것은 없었다. 외로움과 슬픔에 휩싸인 나는 더욱더 움츠러들었다. 내가 겪은 육체적 아픔은 마음의 고통에 비할 바가 아니었다. 나는 사고로 육체적 고통을 겪는 것도 모자라 잘못된 선택과 투자로 마음의 고통까지 떠안았다. 쌍끌이 어선의 그물에 갇혀 꼼짝하지 못하는 물고기처럼 고통에 허덕이며 삶을 구걸하던 중 문득 이런 생각이 들었다.

'죽는 것도 마음대로 안 된다면 차라리 살아보자.'

치열하게 살아보고 그래도 살아갈 희망이 보이지 않으면 그때

죽자고 마음먹으니 한결 견딜만했다. 나는 현실을 가감 없이 있는 그대로 인정했다. 나는 중증 지체장애인이고 돈이 없다. 능력도, 학력도 없고 심지어 오기나 깡도 없다. 현실을 인정해야 새로운 출발점을 찾을 수 있기에 나는 나 자신을 인정할 필요가 있었다.

내가 마음을 가라앉히고 살아볼 결심을 할 즈음 어머니가 이렇게 말했다.

"평생 함께 살 수 없다면 조금이라도 빨리 집을 떠나거라."

처음 이 말을 들었을 때는 굉장히 당황스러우면서도 슬펐다. 하지만 곰곰 생각하니 현명한 판단이었다. 맞는 말이었다. 언제까지나 어머니 품에서 살 수는 없는 노릇이었다. 독립이 늦어지면 늦어질수록 힘든 것도 사실이다.

1999년 12월경 나는 집을 나와 광주광역시의 작은 오피스텔을 보금자리로 정했다. 그렇게 아들을 내보내는 어머니의 심정은 말로 표현하기 힘들 만큼 아팠을 것이다. 어쩌겠는가. 그게 우리 모자가 받아들여야 하는 현실인 것을.

내가 홀로서기에 정착했을 무렵 나를 내보내고 어땠는지 묻자 어머니는 밤마다 울었다고 했다. 나보다 더 아팠을 어머니의 마음을 헤아리고 나는 속으로 피눈물을 흘렸다. 왜 죽을 때까지 뒷바라지하고 싶지 않았겠는가. 하지만 당신이 먼저 세상을 떠난 뒤 독립하지 못한 아들을 홀로 남겨두기보다 살아생전에 독립한

아들을 보고 싶었던 것이리라.

집을 나온 나는 모든 것을 스스로 해야 했다. 밥하고, 빨래하고, 청소하고, 설거지하고. 한 손으로 채소를 손질하고 썰어서 찌개 끓이기, 한 손으로 손톱 깎기, 한 손으로 단추 잠그기 등 모든 일이 내 몫이었다. 비록 느리긴 했지만 안 되는 것이나 못 하는 것은 없었다.

어떤 상황에서든 할 수 있다고 생각하면서 가능한 방법만 고민하고 또 고민하다 보면 가장 좋은 방법을 찾게 된다. 반면 깊은 고민이 아닌 적당한 고민은 부작용만 초래한다.

집을 나와 홀로서기를 하며 삶에 자신감이 생길 즈음 그 자신감을 짓밟히는 사건을 경험했다. 독립했으니 언제까지나 놀고 있을 수만은 없었다. 먹고사는 모든 게 돈과 연결돼 있으므로 일자리를 찾아 나서야 했다.

우선 생활정보지 구인란을 뒤졌다. 내가 할만한 일을 찾아 업체에 전화해 궁금한 사항을 묻는 것까지는 좋았다. 그런 다음 내가 중증 지체장애인임을 밝히면 상대방은 조용히 전화를 끊었다. 다른 방법이 필요했다. 전화 통화 중에는 장애인이라는 사실을 밝히지 않고 직접 대면하기로 했다.

그런데 전화로 궁금한 사항을 얘기하고 이력서를 지참해 면접을 볼 때 장애인임을 밝히면 그 말이 나오기가 무섭게 나를 쫓아냈다. 심지어 입에 담기도 힘든 욕을 하면서 소금을 뿌리는 사람마저 있었다. 이런저런 아픔을 겪으며 나는 또다시 두려움에 휩싸였고 사람들을 멀리했다.

그때 한 지인이 내 처지를 안타깝게 여겼는지 거의 멱살을 잡아끌다시피 해가며 나를 불러내 어떤 분의 강의를 듣게 했다. 그리고 그 강사와 저녁 식사를 함께하는 자리까지 만들었다.

그날의 그 강의와 만남은 내 인생을 완전히 바꿔놓았다. 이건 내가 내 인생에서 조금도 예상하지 않던 하나의 사건이다. 그만큼 그 강의가 내 인생에 던진 임팩트는 매우 강력했다.

#인과 연

고등학교 수업 이후 그렇게 자리에 앉아 강의를 들은 것은 처음이었다. 때는 2004년으로 내 나이 서른두 살 시절이었다. 1991년 2월 학교를 졸업하고 13년 만에 듣는 강의였다. 그런데 강의 내용이 내 현실과 동떨어진 것 같아 강의를 듣는 동안 졸기도 했다.

강의가 끝난 뒤 알게 된 사실이지만 그 강사는 대한민국의 미래경제를 선도하는 경영학 박사이자 대한민국 0.01% 성공자였다. 당시 그는 KBS2라디오에서 〈이영권 경제 포커스〉를 진행했고, KBS2TV의 〈세상의 아침〉에서는 경제 패널로서 경제신문을 알기 쉽고 재미있게 브리핑했다. 그 밖에도 여러 방송과 대학, 기업체에서 왕성하게 활동한 그는 대한민국 최고의 명강사인 고 이영권 박사였다.

한데 내 눈앞에 귀한 보석이 있어도 알아보지 못하면 하찮은 돌덩이로 보일 뿐이다. 내가 딱 그 꼴이었다.

강의가 끝난 뒤 그 강사는 몇몇 지원자와 함께 저녁 식사를 한다고 했다. 나는 또다시 지인의 손에 이끌려 식당까지 갔다. 우연히 나는 그 강사와 테이블을 마주하고 앉았다. 그의 주변은 함께 간 사람들로 가득했고 우리는 갈비탕을 주문했다. 어느 순간 맞은편에 앉은 나와 눈이 마주친 그 강사가 내게 물었다.

"눈이 동그랗고 잘생긴 자네는 누군가?"

먼저 나는 내가 중증 지체장애인임을 밝혔다. 그리고 대각선으로 건너편에 앉아 있는 지인을 가리키며 그의 권유로 이렇게 끌려왔다고 했다. 그 강사는 잘 왔고 만나서 반갑다며 이런 말을 들려주었다.

"앞으로 대한민국은 선진국 대열에 들어서면서 5,000년 역사상 가장 잘사는 나라가 될 것이네. 자네 같은 장애인도 얼마든지 성공하고, 출세하고, 부자로 살 수 있는 세상이 올 걸세."

나는 그 말이 전혀 귀에 들어오지 않았다. 내가 속으로 이상한 소리를 한다고 구시렁거리고 있을 때 주문한 갈비탕이 나왔다.

그 강사는 갈비탕을 먹으며 왜 그런 세상이 온다고 했는지 자세히 설명했다. 어랏, 이번에는 내 귀에 잘 들려왔다. 바로 대

중이 아닌 내 입장에 맞게 설명했기 때문이다. 사실 대중을 상대로 한 강의는 내 입장과 동떨어진 얘기가 많아서 잘 들려오지 않았었다.

관심을 기울여 잘 듣다 보니 나도 모르게 속에서 뭔가가 꿈틀거렸다. 상대의 얘기를 내면으로 받아들이면서 마음이 움직였던 게다. 첫째, 내가 모르는 세상이 있다는 것을 알았다. 둘째, 내가 아는 세상은 세상사의 5%도 안 된다는 것을 알았다. 셋째, 앞으로 배워야 할 게 많다는 것을 알았다.

순간 커다란 망치로 머리를 한 대 얻어맞은 듯한 기분이 들었다. 나는 무식했고 무지했다. 몰라도 너무 몰랐다. 나 자신이 어찌나 한심하게 느껴지던지 도저히 밥을 먹을 수가 없었다. 나는 밥을 먹다 말고 벌떡 일어나 그 강사의 바짓자락을 붙잡고 매달렸다. 살려달라고.

"평생 장애인이라는 꼬리표를 달고 살기 싫고, 인생을 한번 바꿔보고 싶습니다. 도와주세요."

그는 서류 가방에서 명함첩을 꺼내 명함을 한 장 주더니 말했다.

"중증 장애인으로서 무슨 일을 하고 싶은지 찾아올 수 있겠나?"

인생 목표를 정해서 찾아오라는 숙제였다.

궁즉통窮卽通이라고 했다. 그 뜻을 풀어보면 정말 답답하고 궁해야 잘 보이게 마련이라는 건데, 그것이 내 마음이 아니었나 싶다. 어떤 것을 보고 어떤 말을 듣든 그 흡수율과 해석 방향은 현재의 마음 상태에 따라 완전히 달라진다.

나는 그것을 경험했다. 그랬기에 바짓자락을 붙잡고 매달릴 수 있었다. 만약 미래가 답답해 숨이 막힐 지경이 아니었다면 나는 결코 그런 행동을 하지 않았을 것이다.

이후 내가 인생 목표를 찾아 제출하기까지 무려 1년 6개월이라는 시간이 걸렸다. 그 시간 동안 나는 많은 것을 보고 듣고 체험했다. 그 결과 내가 내민 인생 목표는 '나는 이 시대 최고의 동기부여 강사가 된다'는 것이었다.

이영권 박사는 인생 목표를 잘 정했다며 아낌없이 칭찬해 주었다. 칭찬을 받으니 날아갈 것 같이 기뻤다. 과연 이것을 어떻게 이룰 것인가?

인생 목표는 정하는 것도 중요하지만 그것을 이루기 위한 실천 과정은 더욱더 중요하다. 이 박사는 숙제를 잘했으니 그것을 이루도록 도움을 주겠다며 멘토, 멘티 그리고 멘토링을 가르쳐주었다. 난생처음 듣는 용어였다.

'멘토'는 호메로스의 장편 서사시 《오디세이Odyssey》에 나오는 오디세우스의 충실한 조언자 이름에서 유래했다. 트로이 전쟁으로 출정하게 된 오디세우스는 집안일과 아들 텔레마코스의 교육을 그의 친구 멘토에게 맡겼다. 멘토는 오디세우스가 전쟁에서 돌아오기까지 무려 10여 년 동안 텔레마코스의 친구, 스승, 상담자이자 때로 아버지가 되어 그를 잘 돌봐주었다. 이후 멘토라는 그의 이름은 지혜와 신뢰로 한 사람의 인생을 이끌어주는 지도자와 동의어로 쓰이기 시작했다.

한마디로 멘토는 현명하고 신뢰할 수 있는 상담 상대, 지도자, 스승이라는 의미다. 그 멘토의 상대자를 멘티mentee 또는 멘토리mentoree, 프로테제protege라고 한다(출처: 네이버 지식백과-시사상식사전, pmg 지식엔진연구소).

당시 이영권 박사는 대한민국 최고의 명강사였다. 그는 내 인생 목표에 벌써 도달한 멘토였고 우리는 서로 정식 관계를 맺고 멘토와 멘티가 되었다. 멘토는 멘티를 리드하고Lead, 돕고Help, 확인하면서Check 인생을 책임져야 한다. 그리고 멘티는 멘토를 믿고 인생을 맡겨야 멘토링을 실천하면서 오롯이 내 것으로 흡수할 수 있다.

#멘토와 멘티 그리고 멘토링

멘토와 멘티 관계에서는 반드시 믿음과 신뢰를 우선해야 한다. 믿음과 신뢰가 없으면 멘토링은 아무런 의미가 없다. 일단 믿음과 신뢰가 쌓이면 의심과 불만이 사라지면서 행동과 질문 과정을 토대로 아주 조금씩 발전한다.

멘토는 멘티가 실천하고 있는지 그렇지 않은지 금세 알 수 있다. 멘티의 질문이 그것을 보여주기 때문이다. 멘토링을 실천하다 보면 질문하지 않을 수가 없다. 질문할 수밖에 없는 멘토링을 하니 말이다. 질문하지 않는 것은 실천하지 않는다는 증거다.

내 멘토가 멘티인 내 인생 목표를 받아보고 칭찬한 이유와 스스로 멘토가 되어 그 인생 목표를 이루도록 돕겠다고 한 이유는 다음과 같다.

만약 내가 책상에 앉아 즉흥적으로 인생 목표를 정했다면 아마 칭찬하지 않았을 것이다. 책을 보거나 매스컴의 영향으로 유행에 따라 인생 목표를 정했어도 마찬가지다. 그렇게 세운 인생 목표는 이룰 수 없는 개꿈에 불과하다는 것을 잘 알기 때문이다.

목표와 꿈은 확실히 다르다. 목표에는 어떻게 하겠다는 세부계획과 기간이 있다. 하지만 꿈에는 그것이 없다. 단, 꿈을 위해 세부계획과 기간을 정하면 그것은 목표가 된다.

나는 인생 목표를 세우기 위한 1년 6개월 동안 지방에서 수도권으로 공부하러 다녔다. 1시간짜리 강의든, 2시간짜리 강의든, 8시간짜리 강의든, 아니면 1박 2일 강의든 공부할 곳만 있으면 장르를 가리지 않고 쫓아다녔다. 그렇게 많은 것을 보면서 호기심을 키웠고, 많은 것을 들으며 할 수 있겠다는 가능성을 봤다. 그리고 직접 체험하면서 이룰 수 있으리라는 자기 확신을 굳게 다졌다. 그렇게 세운 인생 목표였기에 칭찬받은 것이다. 이영권 박사는 내 멘토가 되어 인생을 책임지겠다고 했다. 바짓자락을 붙잡을 용기가 있다면 뭘 해도 잘 해낼 거라고 격려해 주기도 했다.

가장 이상적인 멘토-멘티 관계는 멘토와 멘티의 인생 목표가 같은 방향인 경우다. 때론 멘티가 인생 목표를 향해 나아가다가 험난한 가시넝쿨이나 위험한 수렁에 빠져 헤어 나오지 못하고 포기를 선언할 수도 있다. 이때 인생 목표 방향이 같으면 멘토는 멘티가 쉽게 빠져나오도록 보다 적극적으로 멘토링할 수 있다. 목표를 향해 나아가는 멘티에게 멘토의 멘토링은 절대적인 영향을 미친다.

신입생이나 사회초년생은 모든 것이 낯설고 어색해서 실수하기 쉽고 때로 혼나기도 한다. 처음 하는 일이다 보니 익숙해질 때까지 어려움을 겪는 것이 사실이다. 이럴 때 선배나 상사와의 관계가 멘토-멘티 관계처럼 양방향 소통식 수평 관계면 새로운 환경에 적응하는 데 큰 도움을 받는다. 관계가 어떠한가에 따라 소통 방식에 큰 차이가 있고 이는 적응에도 영향을 미치므로 매우 중요하다.

멘토링도 그 개념이 코칭이나 카운슬링과는 완전히 다르다. 멘토링을 정의하자면 "경험과 지식이 많은 사람이 스승 역할을 하면서 지도와 조언으로 대상자의 실력과 잠재력을 높이는 것 또는 그 체계다." 따라서 멘토링은 코칭이나 카운슬링과 전혀 다른 개념으로 해석하는 것이 맞다.

다행히 나는 멘토와 인생 방향이 잘 맞았다. 멘토는 대한민국 최고의 명강사이고 멘티인 나는 동기부여 강사가 되겠다고 했으니 말이다.

사실 동기부여 강사가 되는 과정에는 많은 어려움과 험난한 과정이 파노라마처럼 펼쳐진다. 그 과정을 줄이려면 멘토의 역할이 정말 중요하다. 예를 들면 이러하다. 북한산을 오르려 할 때 이미 북한산을 다녀온 사람에게 얘기를 듣고 등반하면 험난한 코스를 피해서 올라갈 수 있다. 반면 그런 얘기를 듣지 못하고 등반하면 험난한 코스에서 위험한 상황에 놓일 수 있다. 이 경우 등반을 포기할 수도 있으므로 멘토의 역할은 매우 중요하다.

멘토는 인생길을 안내해 주는 '인생 내비게이션'이다. 내비게이션은 쉽고, 빠르고, 편리하고, 안전하게 목적지까지 안내해 주는 시스템이다. 인생에 멘토라는 인생 내비게이션을 장착하면 목적지에 어렵지 않게 도착할 수 있다.

#진심은 통한다

 일단 우리의 멘토-멘티 관계는 인생 목표 방향이 잘 맞았다. 여기에다 그 관계는 이익관계가 아닌 인간관계로 맺어졌다. 이익관계로 맺어지면 거래하겠다는 것과 같다. 멘토와 멘티는 절대 거래하는 관계가 아니다. 반드시 인간관계로 맺고 믿고 따르면서 멘토링을 실천하고 소화해야 인생이 바뀐다.

 재밌게도 우리의 멘토-멘티 관계는 인간관계로 단단하게 맺었지만 서로 간에 아는 게 아무것도 없었다. 그러자 멘토가 이런 제안을 했다. 지금까지의 삶을 매일 일기를 쓰듯 메일로 작성하라고. 그걸 매일 아침 시간에 쓰라고 했다.

 지금의 내 인격체는 지난날 내가 살아온 결과물이다. 다시 말해 지금의 나는 내가 어제까지 어떻게 살아왔는가를 보여준다. 그러니 어떤 부모님 아래에서 태어났는지부터 어릴 적 생활환경, 가족 사항, 성장 과정, 학창 시절 등의 내용을 빠짐없이 작성하라는 것이었다. 이는 멘토가 멘티를 정확히 알아야 올바른 멘토링이 가능하기에 꼭 필요한 지침이다.

 의사가 올바르게 진단하도록 하려면 환자가 의사에게 질병의 경위를 빠짐없이 얘기해야 한다. 그렇게 해야 처방전 약이 아픈 상처를 치유한다. 불리하다거나 혼날 것 같아서 혹은 숨기고 싶어서 빼놓고 얘기하지 않으면 제대로 진단하기 어렵다. 의료계가 첨단 의료과학의 힘을 빌려 MRI, CT, 초음파 등으로 정확한 원인을 찾아 진단하고 처방하는 이유가 여기에 있다. 환자를 좀 더 면밀하게 파악하기 위해서다. 멘토-멘티 관계는 그럴 수 없으니 멘티의 진심에 인생이 걸렸다고 할 수 있다.

멘토링은 멘티의 개인 특성에 맞게 이뤄져야 한다. 올바른 멘토링은 멘토가 멘티를 많이 알아야 가능하다. 멘티는 멘토링을 실천하면서 성장해 간다. 멘토링에 정해진 답은 없다. 다만 개인마다 성품, 성향, 의욕, 열정, 간절함, 의지 등이 다 다르기에 개인의 특성에 맞는 것이 가장 좋다.

내 멘토에게는 멘티임을 인정하고 상호관계를 맺은 멘티가 일곱 명 있었다. 남성 네 명, 여성 세 명이었는데 그중에는 부부도 한 쌍 있었다. 각각의 멘토링은 다 달랐다. 멘토는 멘토링을 공유하면서 이것이 각자 달라야 하는 이유를 설명했다. 모두에게 일괄적으로 적용하는 멘토링은 올바른 멘토링이 아니라고 할 수 있다.

나는 매일 아침 7시경 멘토에게 지금까지의 삶을 하나씩 풀었다. 당시 내 멘토는 수원에서 살았고 멘티는 광주광역시에 있었기 때문에 메일을 이용하는 것이 가장 좋았다. 멘토는 메일 답장에 하루 일정을 알려주었으며 자신의 과거사는 전화 통화로 소통했다. 아무리 바빠도 일주일에 한 번은 꼭 통화했는데 그때 많은 얘기를 나눴다.

우리의 대화는 보통 질문과 답변으로 이뤄졌다. 멘토는 숨기고 싶을 만큼 불행한 얘기까지도 털어놨다. 그는 자신이 다섯 살도 채 되지 않은 시기인 1959년경 수원 영동시장에 버려졌다고 했다. 누가 그를 키워주었는지도 들려주었다. 그런 얘기를 주고받을 정도로 우리의 믿음은 굳건했다.

멘토가 멘티를 많이 알수록 멘토링 효과가 좋다. 멘티가 멘토를 많이 알수록 멘토링의 의미를 이해하기가 수월하다. 나는 2004년 4월경부터 쓰기 시작해 멘토가 별세하기 전까지 무려 11년 6개월 동안 메일을 썼다. 그중 5년은 매일 썼고 같은 사무실에서 지내기 시작한 2010년부터는 일주일에 한 번씩 꼭 썼다.

우리의 소통이 양방향으로 이뤄지면서 신뢰와 믿음이 쌓여갔다. 만약 일방통행 소통이었다면 신뢰와 믿음이 좀처럼 쌓이지 않았을지도 모른다. 다행히 양방향 소통이라 우리의 신뢰와 믿음은 단단하게 쌓여갔다.

멘토와 멘티가 양방향 소통을 하려면 동시대에 살고 있어야 한다. 그리고 언제든 소통이 가능해야 한다. 자주 소통해야 멘토가 멘티의 고민을 들어주고, 공감하고, 포용하면서 멘토링할 수 있다. 그런 의미에서 우상과 롤모델은 완전히 차원이 다르다. 하지만 언제든 소통이 가능하고 멘토가 되어주겠다고 서로 약속했다면 누구나 멘토가 될 수 있다.

내 멘토의 멘토는 미국인으로 자동차 세일즈맨 조지 브라운이다. 그들은 국적은 달라도 동시대에 살았고 언제든 소통이 가능했기에 멘토와 멘티 관계를 형성할 수 있었다. 내 멘토의 멘토인 조지 브라운은 자가용 비행기를 타다가 착륙 사고로 사망했다고 한다. 서로 소통할 수 없거나 관계를 정확히 맺지 않았다면 관계를 형성했다고 보기 어렵다.

그런데 내 멘토가 공인이고 유명인이다 보니 자신의 멘토라고 부르는 사람이 많았다. 그들 중에는 내 멘토가 모르는 사람도 있었고 이쪽에서 멘티로 인정하지 않았음에도 자신의 멘토라고 얘기하는 사람도 있었다. 심지어 한 번도 만난 적 없고 소통한 일도 없는데 그렇게 떠벌리기도 했다.

그런 일이 잦다 보니 내 멘토는 누군가가 오랜만에 상담하러 오면 멘토링이 아니라 조언이라며 정확히 선을 그었다. 서로를 깊이 알지 못하면 조언은 할지언정 멘토링은 할 수 없다.

#멘토링 시작, 첫 번째

내 첫 번째 멘토링은 '학력 쌓기'다. 현실적으로 고졸 학력으로는 동기부여 강사가 되기 어려웠기 때문이다. 내 멘토는 학력의 뒷받침을 받아야 강의에 힘과 신빙성, 가치가 더해진다며 대학 이상의 학력을 요구했다.

만약 내게 멘토를 향한 신뢰와 믿음이 없었다면 대학을 다녀야 할지 말지부터 고민했을 것이다. 멘토를 강하게 믿은 나는 더 고민할 것 없이 대학 입학 방법만 찾았다. 주변 학교를 수소문한 뒤 야간에 다닐 수 있는 학교, 수능이 아닌 면접만으로 입학할 수 있는 학교를 찾았다. 결국 광주광역시에 있는 광주대학교 경영학과 야간으로 결정했다. 최종학력이 아닌 중간 과정이었기에 야간도 괜찮았다.

고등학교를 졸업하고 14년 만인 2005년 나는 광주대학교 경영학과 신입생이 되었다. 그 결정은 쉽지 않았지만 인생 목표를 위한 당연한 선택이었다. 동기부여 강사가 되겠다는 인생 목표가 간절했기에 나는 조금도 고민하지 않고 멘토링을 실천했다.

인생 목표가 간절하지 않았거나 멘토를 신뢰하지 않았다면 대학에 다닐 마음을 내지 않았을 것이다. 아마도 다니지 못할 방법만 찾으며 차일피일 미루거나 이런저런 핑계를 대고 다니지 않았을 거라고 본다. 4년이라는 시간과 학비 외에 들어가는 기타 비용만 대충 계산해도 이는 만만치 않은 일이었다. 그래도 강행할 수 있었던 것은 인생 목표가 간절했고 무엇보다 멘토링을 믿었기 때문이다.

어떤 일을 선택하고 결정할 때 할 수 있다고 생각하면 '할 수 있는 방법' 만 찾아 도전한다. 설령 그 도전에서 좋지 않은 결과를 얻어도 실패라고 생각하지 않는다. 다만 안 되는 방법을 배웠을 뿐이라고 여긴다. 그리고 해낼 수 있는 방법으로 다시 도전한다. 반대로 할 수 없다고 생각하면 '할 수 없는 방법'만 찾으면서 부정한다.

그렇게 시작한 내 학업은 무려 11년 6개월 동안 이어졌고 그간 나는 석사를 거쳐 박사수료까지 끝냈다. 멘토에게 인생을 건 나는 그의 멘토링을 과감히 실천했다. 멘토는 메일로 내 출석과 성적표까지 확인했다. 그리고 딱 한 말씀만 했다.

"학생의 본분은 공부하는 것이니 좋은 성적으로 성적장학금을 받아야 한다."

자신의 위치에서 최선을 다하라는 얘기다. 학비가 비싸면 학비를 버는 방법을 택해야 한다. 열심히 공부해서 성적장학금을 받는 것은 그 방법 중 하나다. 나는 절대 장학금을 양보하고 싶지 않았다.

기필코 장학금을 받아 멘토에게 자랑하고 싶은 마음에 나는 열심히 공부했다. 덕분에 4년 중 2년은 성적장학금을 받아 등록금을 해결할 수 있었다.

후회 없이 공부하면서 나는 1석 3조 이상의 효과를 얻었다.

첫째, 지식을 쌓았다. 지식이 쌓이면서 세상 얘기가 머리와 마음과 귀로 들렸고 이해도 빨랐다. 뉴스에서 사용하는 전문용어

---

1) 빌려준 돈이나 예금 따위에 붙는 이자.
2) 통화량이 팽창해 화폐 가치가 떨어지고 물가가 계속 올라 일반 대중의 실질소득이 감소하는 현상.
3) 국가 간의 결제나 금융 거래의 기본이 되는 화폐.

도 들려왔고 사람들과의 소통도 원활해졌다. 금리[1]나 인플레이션[2] 혹은 기축통화[3] 같은 용어와 전문 외래어에도 익숙해졌다.

둘째, 인정을 받았다. 공부를 잘하니까 사람들이 나를 함부로 대하지 않았고 중증 장애가 있어도 먼저 찾아왔다. 무시당하지 않는 것만으로도 나는 무척 기뻤다.

셋째, 좋은 성적으로 자신감을 얻었다. 모든 일에 당당해지면서 발언할 기회가 늘어났다.

나는 강의할 때 내 성적표를 자신 있게 보여주며 강력하게 말한다. 강사는 자신의 모든 것을 먼저 열어 보일 필요가 있다. 그래야 강의에 힘이 실리고 신뢰가 쌓인다. 나는 멘토링을 실천하면서 그 의미를 정확히 알았기에 석사학위와 박사수료 과정까지 우수한 성적으로 끝낼 수 있었다.

물론 내 멘토는 학사 때와 똑같이 그 과정의 성적표도 점검했다. 만약 멘토가 성적표를 점검하지 않았다면 좋은 성적도 없고, 만학도의 길도 의미 없는 시간으로 전락했을 것이다. 그만큼 멘토의 멘토링은 중요하다! 나는 멘토링을 직접 실천하면서 그 중요성을 온몸으로 느꼈다.

'학력 쌓기' 멘토링은 내게 폭넓은 지식이 밑바탕에 깔려야 전문성을 장착하고 그것을 키워갈 수 있음을 가르쳐주었다.

#멘토링 시작, 두 번째

두 번째 멘토링은 '거주지 이전'이다. 멘토는 내 거주지를 광주광역시에서 서울특별시로 옮기라고 했다. 처음에는 살짝 당황스러웠지만 나는 멘토를 믿었다. 분명 멘티가 알지 못하는 어떤 의미가 있을 거라고 헤아렸다. 삶의 터전을 옮기는 것은 결코 쉬운 일이 아니다. 모든 것을 정리하고 새로운 환경에서 다시 적응해야 하기 때문이다. 하지만 그것이 멘토링이었기에 나는 옮길 방법만 고민했다.

"말은 나면 제주도로 보내고 사람은 서울로 보내라"라는 말이 있다. 젊었을 때는 분명 서울에서 살아볼 가치가 있다. 천만 명이 서울특별시를 선택했다면 여기에는 그만한 이유가 있을 터였다. 한편으로 나 역시 서울에서 젊음을 불태우고 싶었다. 실제로 내가 동기부여 강사가 되겠다는 목표에 한 걸음 더 다가가게 해준 곳이 서울이다.

먼저 어머니께 상경하겠다고 말하고 허락을 받아냈다. 대신 하루에 한 번은 꼭 전화하기로 약속했다. 장애가 있는 막내아들이 타향살이를 하겠다니 어머니의 걱정이 하늘을 찌를법했다. 그 걱정을 조금이나마 덜어주기 위해 나는 아침마다 전화로 문안 인사를 올리기로 했다. 그 약속은 2010년부터 지금까지 잘 지키고 있다. 어머니가 살아 있는 동안에는 그 인사를 계속 할 생각이다.

어머니는 아들의 목소리를 듣고 하루를 시작한다. 그리고 나는 어머니가 건강하다는 것을 확인하고 하루를 시작한다. 둘 다 서로의 안부를 묻고 마음 편히 하루를 시작하니 이보다 더 좋을 수 없다.

나는 광주광역시에서 살던 집과 타던 차를 가족에게 맡기고 상경했다. 때는 2009년 12월 29일로 내 나이 서른일곱 살이었다. 서울로 오면서 나는 차를 마티즈로 바꿨고 보증금 2천만 원에 월세 42만 원짜리 원룸을 구했다. 18㎡(6평) 원룸에서 첫 서울살이를 시작한 것이다.

2010년 새해가 밝았을 때 멘토의 가족과 함께 식사하면서 첫 상견례를 했는데, 행복한 가정이라는 것이 한눈에 들어왔다. 그들은 내 서울살이를 진심으로 축하해 줬다.

같은 해에 나는 경기대학교 행정대학원 수원 캠퍼스에서 사회복지학과 야간 석사과정을 시작했다. 주경야독晝耕夜讀을 다시 시작한 셈이다. 낮에는 ㈜세계화전략연구소를 이끌면서 업무를 보며 공부했고 야간에는 대학원을 다녔다.

서울살이를 시작하면서 멘토와 메일로 소통하는 일은 일주일에 한 번으로 줄었다. 반대로 전화 통화는 하루에 두세 번으로 늘었다. 나는 여전히 많은 질문을 했다. 이때 추가된 내용은 개인 가계부를 첨부하는 것이었다. 멘토는 내게 자산과 부채, 수입과 지출 항목을 빠짐없이 작성하라고 했다. 연구소에서는 급여를 받지 않았기에 최대한 아껴서 생활해야 했다. 그곳에서 나는 급여 대신 헝그리 정신과 인생 목표를 향해 나아가는 과정을 배웠다.

연구소를 유지·지속하려면 여러 행사를 진행해 수입을 창출해야 했고 나는 고민에 빠졌다. 연구소가 존속해야 나도 존재할 수 있다는 생각이 들었다. 이런저런 궁리 끝에 나는 행사를 진행할 방안을 짰다.

행사에는 매달 진행하는 '이영권 박사와 함께하는 성공 세미나'와 6월에 하는 '상반기 성공 세미나' 그리고 12월의 '새해맞이 목표 세미나'가 있었다. 여기에다 3개월에 한 번씩 8주 과정으로 '성공 역량 제고 과정'을 진행하기로 했다. 가장 큰 문제는 세미나와 교육과정에 참석할 인원을 모집하는 일이었다.

어떻게 모집해야 할까? 이 고민을 하느라 밤잠을 설치는 때도 많았다. 생각 끝에 나는 연구소 홈페이지에 회원으로 가입한 사람들에게 일일이 전화했다. 회원으로 가입했다는 것은 멘토인 이영권 박사에게 관심이 있다는 것을 의미했다. 나는 특별히 선별하지 않고 무작정 하루에 30명에게 전화해서 세미나를 홍보했다.

30명에게 연락하면 한두 명을 초대할 수 있다. 물론 초대하지 못할 때도 있다. 통화가 이뤄지면 10초 안에 호기심을 끌어내 통화를 유지해야 한다. 통화가 곧바로 끊기면 끝이다. 당시 다방면으로 아주 많은 멘트를 연습했다. 통화하지 못하면 문자를 남겨 어떻게든 통화하려 노력했다. 그렇게 한 달을 노력하면 30여 명을 초대해 세미나를 개최할 수 있었다.

또 다른 문제는 세미나를 3시간 동안 진행하는 데 필요한 비용 10만 원이었다. 어떻게 하면 그 비용이 아깝지 않다는 생각이 들게 할 수 있을까? 1부는 이영권 박사의 주제별 강의에 할애했고 2부에는 주제에 맞는 최고 강사를 모셨다.

나는 비용이 아깝다는 생각이 들지 않도록 초대 강사의 역량을 최대한 활용해 세미나의 질을 높이려 했다. 또 일단 행사가 끝나면 개개인에게 직접 연락해 피드백을 받았고, 세미나를 녹음한 파일을 개인 메일로 보내주었다. 그러한 노력 덕분에 소개가 늘어나 인원을 만족스럽게 채울 수 있었다.

6월과 12월에 열리는 세미나는 150여 명이 넘는 큰 행사로 치렀다. 이때는 외부 업체의 큰 강의장을 빌렸고 인원은 그동안 세미나에 참석한 분들을 대상으로 일일이 전화를 걸어 초대한 덕분에 150여 명을 충분히 채웠다. 문자나 메일, SNS가 아닌 일대일 전화 통화로 초대하고 모셨기에 참석률이 높았다. 그런 경험을 하면서 나는 사람의 '다양성'을 배웠다.

또한 나는 세미나에 초대한 인원 중 8주 과정에 관심이 있는 사람을 선별해 다시 교육과정을 진행했다. 그 비용은 적지 않은 금액이었으나 결코 아깝지 않을만한 양질의 교육으로 보답했다. 그렇게 고생하는 모습을 본 멘토가 어느 날 내게 툭 한마디를 던졌다.

"최고의 동기부여 강사가 될 자격이 있다."

그 칭찬에 나는 더욱더 힘을 내 일했다.

거주지 이전 멘토링의 의미는 강사의 역량 강화는 지방보다 수도권이 더 유리하다는 것과 석사학위부터는 수도권 학교에서 받아야 한다는 데 있다. 여기에다 멘토 가까이에서 생활 습관부터 동기부여 강사답게 다져갈 필요가 있었다.

#멘토링 시작, 세 번째

세 번째 멘토링은 '책 쓰기'다. 멘토는 내게 "한 권의 저서는 학위보다 더 가치가 크다"라고 했는데 당시에는 그 말이 이해가 가지 않았다. 나는 강사로 활동하고 나서야 그 정확한 의미를 깨달았다.

강사는 무엇으로 강의력을 검증할 수 있을까? 명함? 아니다. 학력? 그것도 아니다. 강사를 섭외할 때 상대방은 강의력에 강한 의구심을 보인다. 이때 저서와 함께 명함을 내밀면 조금이나마 의심이 줄어들면서 강사로 초대받을 확률이 높아진다. 그래서 내 멘토가 반드시 책을 쓰라고 권한 것이다.

강사는 대부분 자신의 강의 내용과 관련된 저서를 쓴다. 그래야 자신을 PR Public Relation하는 데 유리하기 때문이다. 내 멘토는 책을 46권 썼고 그 저서를 PR에 최대한 활용했다. 또한 1년에 한 권 아니면 두 권의 책을 꼬박꼬박 출판했는데 주로 새벽 시간에 글을 썼다. 저서의 위력을 경험한 멘토는 내게 저서의 중요성을 강조했다.

이번에도 적잖이 당황스러웠다. 단 한 번도 책을 쓰겠다는 생각을 꿈에서조차 해본 적이 없기 때문이다. 물론 어떻게든 책을 써야 살아남을 수 있다는 것은 알았다. 아마도 내 멘토는 멘토링 순서를 이미 알고 있었던 것 같다.

관계를 형성하고 난 뒤 멘토는 책을 일주일에 한 권씩 꼭 읽으라고 권했다. 장르는 중요하지 않으니 우선 책과 친해지라고 했다. 독서 습관을 들이는 것과 책값에 투자하는 것을 당연시하라고도 했다.

나는 한 달에 책을 네 권 사서 일주일에 한 권씩 보았는데 2004년부터 지금까지 이 습관을 잘 지키고 있다. 그렇게 읽은 책 수백 권이 지금 내 서재를 멋지게 장식하고 있다. 책꽂이에 꽂힌 책만 봐도 마치 내가 지식 부자가 된 듯 뿌듯하고 대견스럽다. 재밌게도 편안함까지 느껴진다.

독서와 함께 나는 하루를 일기 쓰기로 마감했다. 멘토에게 메일로 쓰고 일기장에도 썼는데, 아무런 형식 없이 자유롭게 써도 쓴다는 것 자체가 책을 쓰는 데 큰 도움을 주었다.

어떤 내용이든 기록하고 쓰는 습관을 들이면 생각이나 아이디어, 좋은 정보를 잊지 않을 수 있어서 좋다. 또한 기록한 내용을 나만의 정보로 재해석할 수도 있으므로 기록하길 강력하게 추천한다. 더구나 단기기억을 되살리는 데 기록만큼 좋은 것은 없다.

기록은 인간만이 할 수 있다. 보고, 듣고, 느끼고, 체험하면서 얻는 아이디어는 전광석화처럼 순식간에 지나간다. 떠오른 순간 바로 기록하지 않으면 아이디어는 휘발유처럼 증발하는데, 일단 지나가면 다시 떠올리려 해도 좀처럼 생각나지 않는다.

오랜 시간 읽고 쓰면서 기본기를 갖췄으니 이제는 실전에 나서야 했다. 나는 가제假題와 차례를 정하고 그에 따른 소주제를 정한 뒤 하나씩 내용을 채워가는 형식으로 글을 썼다. 욕심내지 않고 하루에 A4 한 쪽이나 두 쪽을 썼다.

글은 잘 써질 때도 있지만 그렇지 않을 때가 더 많다. 잘 써질 때는 그냥 쓴다. 일단 쓰고 난 뒤 수정하고 보완하면서 정리하면 되기 때문이다. 잘 써지지 않을 때도 그냥 쓴다. 글쓰기도 습관이다. 자꾸 써서 습관을 들이면 어느새 편안해진다.

내가 쓴 글이 언제나 마음에 드는 것은 아니다. 오늘 쓴 내용이 오늘은 마음에 들어도 내일이면 마음에 들지 않을 수 있다. 그럴 때는 수정하지 않는다. 완벽한 글쓰기는 없다. 사람의 선호라는 게 마음과 컨디션에 따라 죽이 끓듯 변하게 마련이라 순간순간의 감정에 휘둘릴 필요가 없다.

어제 쓴 글은 오늘 달라 보이고, 올해 쓴 글은 내년이면 또 달라 보인다. 지금 쓴 글이 나이가 들수록 마음에 들지 않을 수도 있다. 나는 글을 쓰면서 100% 만족스러운 글은 없다는 것을 알았다.

나는 그렇게 쓰기 시작한 글을 2010년 8월경에 완성했다. 8개월 만의 일이다. 멘토는 그 내용을 읽은 뒤 제목을 달아주었다. 그때 탄생한 첫 책 제목이 '장애마저도 축복이다'였다. 내 멘토는 책을 보면서 하염없이 눈물을 흘렸다고 한다. 그리고 내게 충분히 감동적인 스토리라고 말했다.

책을 내는 목적이 출판 자체에 있었기에 첫 책은 자비로 출간했다. 그렇게 출간한 책은 PR, 즉 홍보용으로 사용할 계획이었다. 덕분에 나를 강사로 소개하는 데 자신감이 붙었다. 당당하게 저서를 내밀면 강의력에 보이는 의구심을 조금이나마 지울 수 있었다.

나는 강의 주제를 책 제목으로 정하고 어떤 순서와 내용으로 강의할지 구체적으로 작성했다. 글로 표현하는 것과 말하는 것은 완전히 다르기에 철저한 준비가 필요했다.

그렇게 2010년 탄생한 내 첫 책 《장애마저도 축복이다》를 시작으로 나는 책을 9권 썼고 지금은 열 번째 책을 쓰고 있다. 뭐든 처음에는 두렵고 떨리는 법이다. 어떤 일에서든 누구에게나 처음은 있다. 그 처음을 잘 이겨내면 두 번째, 세 번째부터는 즐기게 된다. 또 시키지 않아도 알아서 한다. 처음 접할 때 첫 이미지를 귀하게 대하는 것이 중요한 이유가 여기에 있다.

#멘토링 시작, 네 번째

네 번째 멘토링은 '사투리와 말투, 억양 벗어던지기'다. 강사는 지역색을 벗고 항상 중심 위치에서 강의해야 공정성을 지킬 수 있기 때문이다.

드디어 올 것이 왔다 싶었다. 예상하지 않았던 것은 아니다. 그래도 그것이 현실로 닥치자 당혹스러웠다. 나는 사투리가 심한 편이었다. 37년 동안 편안하게 고향 사투리를 써왔으니 그럴 만했다.

이제는 바꿔야 했다. 바꾸지 않으면 강사로 발전할 수 없을뿐더러 강사의 자질 문제가 불거질 수도 있었다.

하루는 연구소에서 직원과 얘기를 나누고 있는데 멘토가 연락도 없이 불쑥 방문했다. 그때 평소의 내 말투를 듣고 깜짝 놀라는 눈치였다. 고향에서 나는 편안한 상대에게 친근감을 표현하느라 애교스러운 욕을 살짝 섞어가며 부르는데 그걸 들은 것이다. "야, 이 개쉐~끼야" 또는 "○○야~"처럼 호칭이나 개념을 무시하고 편하게 부르는 식이었다.

그 말투를 들은 멘토는 곧바로 멘토링하거나 충고하거나 혼내지 않았다. 먼저 그는 멘티의 고향을 직접 방문해 어머니, 형님,

매형을 만난 뒤 성장 환경을 파악하고 말투가 그럴 수밖에 없었음을 이해했다. 그는 멘토링할 때 감정을 담아 즉흥적으로 하는 게 아니라 신중한 스타일이었다. 반드시 멘티가 실천할 수 있는 범위 내에서 멘토링을 했고 그렇게 멘토링한 후에는 꼭 점검했다. 그리고 실천하기가 가장 힘들다는 인내심을 발휘하며 끝까지 지켜보면서 기다렸다.

'왜, 저런 말과 행동을 할까?'

내 멘토는 이런 고민을 하며 그럴 수밖에 없었던 성장 여건이나 환경을 먼저 살폈다. 사람은 성장 여건과 환경의 영향을 받기 때문이다. 그것은 자신도 모르게 몸과 마음에 스며든다.

환경이 사람을 바꾼다는 것은 절대 틀린 말이 아니다. 나는 어떤 환경에서 성장하느냐가 인생을 바꾼다고 믿는다.

사실 내 멘토는 상당한 애연가였다. 그러던 멘토가 하루아침에 갑자기 담배를 뚝 끊었다. 그는 KBS 해피FM에서 방송한 〈이영권의 경제 포커스〉를 진행했는데 어느 날 방송 목소리가 마음에 들지 않았단다. 오랫동안 방송을 진행하고 싶고 평생 강의를 하려고 하는데, 목소리가 갈라지고 가래가 끓어 멘트가 끊기는 문제가 발생하기도 했다.

사실 내 멘토는 〈이영권의 경제 포커스〉 방송 직전의 진행자인 대한민국 최고의 성우 배한성 교수와 '형님', '동생' 하는 사이였다. 방송을 진행하느라 자주 만나다 보니 자연스럽게 친해진 것이었다. 목소리 문제로 고민하던 멘토는 배 교수에게 목소리 관리법을 물었다.

"어떻게 하면 좋은 목소리를 낼 수 있습니까?"

배 교수는 흔쾌히 몇 가지 요령을 알려주었다. 첫째는 금연이었다. 담배가 성대를 상하게 만들기 때문이라고 했다. 둘째는 소금물로 가글을 해서 성대를 깨끗이 씻으라는 것이었다. 셋째로는 방송국에 오기 전에 솔 톤으로 목을 풀라고 권했다.

멘토는 25년 넘게 피워온 담배를 바로 끊었다. 또한 방송하기 전에 볼펜을 입에 물고 A4 두 장 정도 분량을 솔 톤으로 읽으며 목소리를 가다듬어 듣기 좋은 공명의 소리를 만들었다.

그걸 알고 있는 내가 사투리와 말투, 억양을 바꾸기 위해 고민하는 것은 당연했다. 여러 가지 방법을 궁리한 나는 일단 그것을 정리했다. 가장 먼저 실천한 것은 현재의 말투를 녹음해 직접 들어보는 일이었다. 들어보니 한 문장에서 3분의 2가 사투리일 정도로 사투리가 심했다. 심각한 수준이었다. 나는 고쳐야 한다는 것을 절실하게 느꼈고 실전에 돌입했다.

우선 많이 들었다. 특히 입 모양과 단어 선택의 중요성에 초점을 두고 뉴스와 토크쇼를 집중적으로 보고 들었다. 그다음으로 말을 느리게 하면서 또박또박 정확히 발음했다. 나는 급하면 말이 빨라지고 꼬였는데 이것을 고쳐야 했다. 마지막으로 혀를 자유롭게 움직이면서 혀 근육을 풀었다. 그 밖에도 목을 따뜻하게 하고 복식 호흡을 위한 운동도 했다. 심지어 여름에도 목에 스카프를 두르고 잘 정도였다.

위 세 가지를 종합한 훈련 방법으로 나는 책을 소리 내어 천천히 읽으면서 녹음했다. 때로는 뉴스 원고를 출력해서 들으며 따라 하기도 했다. 볼펜을 가로나 세로로 물고 "가갸거겨…"도 연습했다. 녹음한 내용을 다시 들을 때는 잘못된 단어 선택과 꼬이는 발음, 높낮이가 일정하지 않은 억양을 하나씩 바로잡았다.

하루도 빼먹지 않고 매일 연습했다. 그렇게 6개월 정도가 흐르자 나보다 먼저 멘토가 내 변화를 알아챘다. 갑자기 멘토가 내게 말을 녹음해서 보내라고 했다. 그때는 두렵고 떨렸지만 돌이켜 보니 그 덕분에 내가 바뀐 것이었다.

나는 말투를 바꾸기 위해 고향 친구들과 1년 6개월 정도 연락을 끊기도 했다. 어머니 외에는 전혀 소통하지 않았다. 친구들 사이에 내가 죽었다는 소문이 날 정도였다. 친구들과 자꾸만 대화하다 보면 자연스럽게 사투리가 스며들어 그동안의 수고를 모래성처럼 무너뜨릴 수 있었다. 내 말투를 바꾸고 싶은 마음이 간절했기에 나는 꾹 참았다.

연구소에 일찍 출근하면 아무도 없는 강의장 앞에 서서 바른 자세로 복식 호흡을 하며 큰 소리로 강의를 연습했다. 이것을 녹음해서 듣고 또 들으며 점검하는 방식으로 훈련하면서 계속 바뀌갔다.

그것을 시작한 지 10년이 훌쩍 넘었지만 나는 아직도 훈련하고 있다. 강사에게 강사다운 목소리와 발음은 정말 중요하다. 이를 위해 훈련하지 않으면 강의할 때 부자연스러움이 확실히 드러난다. 강사의 목소리 관리는 청중을 위한 최소한의 예의다.

어떤 훈련이든 그 결과는 얼마나 간절한 마음으로 꾸준히 실천하느냐에 따라 달라진다.

#멘토링 시작, 다섯 번째

다섯 번째 멘토링은 '건강하고 강하게 자신감 키우기'다. 무대 공포증을 이겨내고 자신의 강의를 하려면 이것이 필수였다. 무대 공포증 때문에 두려움이 엄습하면 강사는 자기 역량을 제대로 발휘하지 못한다.

물론 무대 공포증은 누구에게나 있다. 이것을 이겨내면 멋진 강사가 될 수 있지만, 이겨내지 못하면 강사의 자질은 사라지고 만다.

최고의 명강사인 내 멘토에게도 무대 공포증은 있었다. SK상사에 재직하던 시절, 그는 뉴욕 주재원으로 근무할 때 뉴욕 시내 빌딩 숲에서 한국어로 샤우팅을 하며 자신감을 키웠다고 한다. 이겨내고 극복하기 위해서는 연습하고, 연습하고 또 연습하면서 단련하는 방법이 최고다. 내 멘토는 주로 새벽 시간에 연습했다. 산에 다니면서 노래하거나 강의 내용을 큰 소리로 외치면서 연습하기도 했다.

내 멘토의 강의를 보면 종종 세계 지도를 그리는 장면이 나온다. 대체 몇 번이나 그려봤기에 그토록 자연스럽게 그리는 걸까 싶어 의문을 품고 물어본 적이 있다. 수만 번 연습했단다. 그토록 엄청나게 연습했기에 TV 생방송 때도 자연스럽게 그릴 수 있는 거라는 대답이었다. 그 수만 번의 연습은 머리와 몸에 각인하는 과정이다.

멘토는 방송 경력 (〈아침마당〉 생방송 강의 6회, MBC〈희망 특강 파랑새〉, 〈이영권의 경제 포커스〉 생방송 진행 8년 등의 경력)이나 강의 경력이 15년을 넘었어도 만 명이 넘는 청중 앞에서 강의하자면 살짝 기가 눌리면서 입을 떼기가 어렵다고 했다. 그럴 때 자신감과 실력이 없으면 강의할 수 없다면서 반드시 자신감을 키워야 한다고 강조했다.

자신감 유무에 따라 강의를 즐기느냐, 두려움에 떠느냐가 결정된다. 자신감이 있으면 청중을 리드하지만 자신감이 없으면 청중에게 끌려다닌다. 리드한다는 것은 준비한 스토리를 멋지게 풀어낸다는 것을 의미한다. 끌려다닌다는 것은 준비한 스토리가 뒤죽박죽 섞이면서 무슨 얘기를 어떻게 했는지 모르는 상태에 놓이는 것을 말한다. 이 경우에는 시계만 쳐다보며 빨리 끝내기에 급급해진다.

나는 무대 공포증이 심한 쪽에 속했다. 특히 남들 앞에 서면 얼굴이 빨개지는데 귀까지 빨개지는 것이 한눈에 보일 정도였다. 또한 무슨 말을 해야 할지 아무 생각도 나지 않았다. 모르는 사람에게 말을 거는 것 자체도 두려워했다. 심지어 식당에 가서 밥을 먹다가 반찬이 부족해도 더 달라는 말을 하지 못했다.

한마디로 아주 소심한 나는 전형적인 A형 스타일이다. 우스갯소리지만 이런 말이 있다. A형은 소세지 (소심하고, 세심하고, 지랄맞다), B형은 오이지 (오만하고, 이기적이고, 지랄맞다), O형은 단무지 (단순하고, 무식하고, 지랄맞다), AB형은 스리지 (지랄맞고, 지랄맞고, 지랄맞다)라고 한다.

내가 자신감을 키우기 위해 가장 먼저 한 행동은 거울을 보면서 나 자신과 대화하는 것이었다. 때로는 영상을 찍어 확인하기도 했다. 그렇게 나 자신에게 먼저 강의하면서 강의 내용에 조금씩 자신감이 붙었다.

식당에 가면 일부러 자신 있게 또박또박 말했다. 연구소에 방문한 여성에게 먼저 말을 걸어보는 연습도 했다. 전화로 대화하는 것과 얼굴을 마주하고 대화하는 것에는 많은 차이가 있다.

그다음으로 샤우팅에 도전했다. 지하철 안이나 사람이 많은 지하상가에서 짧게 스피치를 한 것이다. 연구소에서 공부한 멘토의 제자들은 모두 지하철에서 샤우팅한 영상을 찍어 발표했다. 멘토의 제자가 되려면 이것은 필수 코스였다. 때론 담력을 키우기 위해 공동묘지에서 샤우팅하라는 과제를 내주기도 했다. 멘토는 멘티 중 한 명에게 지하철에서 샤우팅하는 과제를 1년 가까이 내기도 했다. 멘티에게 내리는 멘토링 레벨은 멘티마다 제각각 달랐다.

무대에 자주 오르는 것도 자신감을 키우는 데 꼭 필요한 일이다. 강사는 인원에 상관없이 무대와 친해져야 한다. 연구소 행사 때 나는 무조건 청중 앞에 서서 공지 사항 등을 소개했다. 무대에 자주 서봐야 자신감과 요령이 생기고 마음의 여유도 얻는다. 그렇게 안정을 찾고 강의 내용을 정리하면 강의를 즐길 수 있다.

다른 한편으로 자신감에는 그 토대가 필요하다. 기본 밑바탕이 있어야 자신감을 키울 수 있다는 말이다. 첫째, 내 분야에서 실력을 갖춰야 한다. 실력이 없으면 기를 펴는 것조차 힘들다. 둘째, 배짱이 있어야 한다. 두둑한 배짱 아래 이 무대에서만큼은 내가 최고라는 자부심이 있어야 목소리에 힘이 실린다. 셋째, 마음에 여유가 있어야 한다. 그래야 시간에 쫓기지 않는다. 시간에 쫓기면 마음이 조급해지면서 말이 빨라진다. 이 세 가지를 갖추려면 수많은 연습과 노력이 필요하다.

#멘토링 시작, 여섯 번째

여섯 번째 멘토링은 '사냥법 배우기'다. 사냥해서 먹잇감을 갖다주면 그저 사냥꾼의 양손만 바라보게 된다. 반면 사냥감의 맛을 보여준 후 사냥법을 알려주면 사냥감을 직접 찾아다닌다.

그렇게 사냥할 때 가장 조심해야 할 것은 '실수'다. 사냥에서는 순간의 실수로도 사냥감을 놓치고 만다. 실수 중에서도 특히 '반복 실수'는 용서받기 어렵다.

연구소를 처음 이끌 때 나는 업무일지와 현금흐름표를 작성해 수시로 결재받았다. 만약 업무일지에 오타가 있거나 현금흐름표의 수입과 지출, 비용 계산이 맞지 않으면 멘토는 서류철을 집어 던지며 눈물 나게 혼을 냈다.

"이것도 똑바로 못하면서 무슨 연구소를 이끌어!"로 시작해 "이따위로 하려면 당장 짐을 싸서 시골로 내려가!"로 끝나면 좋은데 하나가 더 있다. "이 연구소는 너를 위한 공간인데 이럴 거면 없애버려!"까지 가야 끝이 난다.

정말로 두려웠다. 너무 무섭고 서러워서 뜨거운 눈물이 줄줄 흘러내렸다. 그러나 아무리 힘들고 서럽고 두려워도 참고 버텨야 했다. 이유는 딱 하나, 간절한 인생 목표가 버티고 있었기 때문이다. 그런 아픔과 서러움이 있었기에 나는 사소한 실수나 반복 실수를 빠르게 바로잡을 수 있었다.

가령 연구소에서 진행하는 큰 행사 때 행사 도우미의 목걸이 명찰에 '스태프'라고 써야 하는데 '스텝'으로 쓰면 곧바로 혼이 났다. 왜 멘토는 그런 작은 일까지 하나하나 세심하게 꼬집었던 것일까. 그 작은 실수가 어떤 결과를 낳는지 알기 때문이다.

한번은 이런 일이 있었다. 어느 날 멘토는 강남 테헤란로의 모 저축은행에서 강의한 뒤 회장의 초대를 받아 회장실에 갔다. 회장실 벽면에는 액자 세 개가 걸려 있었는데 그중 두 개가 삐뚤어져 있었다. 그걸 본 멘토는 머지않아 문 닫게 생겼다고 말했다. 얼마 지나지 않아 그 저축은행은 정말로 연기처럼 사라졌다.

멘토는 사소한 것을 제대로 챙기지 못하면 큰일, 즉 큰 결정을 하지 못한다고 가르쳤다. 또한 저수지 둑은 작은 물줄기로 무너진다는 교훈도 심어주었다.

식당 입구나 안에 있는 화분만 봐도 그 주인을 알 수 있다. 싱싱하게 잘 자라는 화분 속 식물은 식당 주인이 부지런하다는 것을 증명한다. 식물이 말라 죽었다면 당연히 그 반대다. 죽은 화분이 식당에 있다는 것 자체가 주인의 게으름을 보여준다. 게으른 주인이 파는 요리는 과연 맛이 어떨까?

내 멘토는 지인이나 제자에게는 세상 유쾌하고, 재미있고, 즐거운 사람이었다. 그래서 주변에 사람이 많았다. 반대로 멘티에게는 시베리아 한파가 휘몰아치듯 엄했다. 이처럼 사람을 대하는 것이 완전히 달랐다.

에니어그램 전문가인 인하대학교 윤태익 교수는 내 멘토의 성향이 장형인지, 머리형인지, 가슴형인지 알 수 없다고 했다. 모든 성향을 골고루 갖추고 있는 것으로 보아 전형적인 리더형 스타일이라고 했던 기억이 난다. 멘토가 멘티를 어찌나 엄격하고 강하게 키우던지 멘토가 무서워서 피한 적도 있었다.

내 멘토는 멘티가 준비되어 있지 않으면 절대 강의 기회를 주지 않았다. 멘티인 나를 수제자로 소개하면서도 동기부여 강의 건이 들어오면 항상 다른 강사에게 기회를 주었다. 그럴 때는 마음이 불편하고 좋지 않았지만 그래도 '다른 뜻이 있겠지' 싶어 참고 기다렸다.

그랬다. 아무리 아끼는 수제자여도 준비되어 있지 않으면 절대 기회를 주지 않는 게 그의 원칙이었다. 만약 잘 준비한 모습을 보고 강의 기회를 주면 행사 담당자에게 직접 강의평가를 확인했다. 그리고 냉정하게 피드백했다. 그런 다음 강의를 다녀온 업체와의 관계를 어떻게 유지하고 지속하는가를 지켜보며 다시 판단했다.

그 모습을 지켜보며 내가 멘토에게 물었다.

"어떻게 해야 관계를 계속 유지할 수 있습니까?"

"지속적인 소통으로 담당자의 머릿속에 각인시켜야 하지. 고민 좀 해봐."

나는 이 문제를 풀기 위해 멘토의 행적과 멘토링을 떠올렸고 강의도 다시 들었다. 결국엔 그 답을 찾았다. 멘토의 저서 중에 《편지로 시작하는 아침》이라는 것이 있는데, 실제로 멘토는 편지로 담당자와 소통했다.

나도 자필 편지를 쓰기 시작했다. 새벽 시간에 나를 강사로 초대한 담당자 세 명에게 자필 편지를 썼다. 그들의 머릿속에 동기부여 강사 '백금기'를 각인하기 위해 한 달에 한 번은 꼭 편지를 받아보게 했다. 그러한 노력에 힘입어 재구매가 이뤄졌기에 나는 생존할 수 있었다.

인연은 노력으로 만들어 간다고 한다. 인因은 여러 경로로 만날 수 있는 지극히 자연스러운 현상이다. 연緣은 인을 유지 · 지속하기 위한 노력이 반드시 있어야 결과, 즉 열매를 맺는다.

#멘토링 시작, 일곱 번째

일곱 번째 멘토링은 '책임감'이다. 내 멘토는 멘티의 인생을 책임지겠다고 한 약속을 지켰다. 그는 나를 동기부여 강사로 만들었고 사냥법을 알려주었으며 서울에서 활동하도록 주거까지 책임졌다.

멘토는 매월 말일마다 멘티의 가계부를 확인했기 때문에 내 모든 재산의 흐름을 알고 있었다. 수입과 지출 항목, 현금과 카드 사용 내용까지 모두 말이다. 멘토링을 받으면서 내가 가장 숨기고 싶었던 부분 중 하나가 자산이다. 전체 자산과 수입, 지출을 공개하는 것은 마치 벌거벗는 느낌이라 창피하고 부끄러웠기 때문이다. 나 자신이 한없이 작아지는 듯한 느낌도 들었다.

그런 마음은 과감히 버려야 한다. 인생을 맡겼으면 깊숙이 볼 수 있도록 마음의 문을 활짝 열어야 한다. 그래야 제대로 된 멘토링이 가능하다. 만약 내가 가계부를 공개하지 않고 숨겼다면 돈이라는 요물을 다루는 방법을 배우지 못했을 것이다.

멘토는 또 다른 멘티의 가계부를 보고 무척 가슴 아파했다. 그는 자산보다 부채가 많았는데 감당이 안 될 만큼 상황이 심각했다. 안타까움에 눈물을 흘린 멘토는 함께 부채에서 탈출하자며 그 멘티에게 맞는 멘토링을 진행해 부채를 줄여갔다.

나는 2년 동안 월세 42만 원을 내면서 살았다. 사실 월세를 낼 때마다 그 돈이 무척 아까웠다. 매달 내는 월세를 모으면 얼마나 될까 생각하니 더욱더 월세살이에서 벗어나고 싶었다. 나는 한 푼도 허투루 쓰지 않고 한 푼, 두 푼 알뜰하게 모았다. 그 덕분에 월세살이 2년 만에 월세에서 탈출해 전세로 이사했다.

내가 개미처럼 알뜰하게 모을 수 있었던 것은 멘토가 가계부를 관리했기 때문이다. 멘토는 가계부 항목만 봐도 꼭 필요한 지출인지, 불필요한 지출인지 바로 알았다. 쓸데없는 일에 지출하면 무섭게 혼을 냈다. 실제로 그 시기의 나는 절제하고 인내할 필요가 있었다.

전세살이 시절 나는 월세를 낸다는 생각으로 매달 저축했다. 더 나아가 수입만 생기면 최소한의 생활비만 빼고 무조건 저축했다. 심지어 하루를 지출 항목 없이 살아보기 위해 최대한 노력했다.

먹는 것과 입는 것, 생활비와 공과금 등도 마른 수건을 짜는 심정으로 줄이고 관리하면 돈은 무조건 모인다. 물론 안 쓰고 사는 것은 몹시 어렵다. 굉장히 어렵다. 진짜로 어렵다. 그토록 어렵기에 티끌 모아 목돈을 만들었을 때의 성취감은 말로 표현할 수 없을 만큼 크다. "안 쓰면 모인다"라는 것은 불변의 법칙 같은 진리다.

전세살이 1년 6개월 만에 나는 아파트를 매매할 기회를 얻었다. 2013년 2월 아파트를 계약한 것이다. 그런데 잔금을 치러야 하는 날짜가 가까워지고 있는 상황에서 전세를 살던 아파트가 나가지 않는 곤경에 처했다. 하루하루가 답답했고 피가 마를 정도로 애간장이 탔다. 잔금을 치르지 못하면 전 재산이 날아간다는 생각에 잠도 오지 않아 뜬눈으로 날을 새기도 했다. 결국 나는 멘토에게 고민을 털어놨다.

"잔금을 치를 날이 가까워지고 있는데 전셋집이 빠지지 않아 아무것도 할 수가 없습니다."

멘토는 즉각 대응 방법을 알려주었다. 그때 느꼈다. 모르면 작은 일도 큰일이 된다는 것을.

"전세를 들어갈 때 전세 등기를 했으니 전세 대출을 알아보면 된다."

이 한마디에 지옥에 빠져 있던 나는 천국으로 날아올랐다. 해결 방법을 모르면 사소한 것도 굉장히 큰일이 되어버린다. 역시나 아는 만큼 보이고 아는 만큼 행동하는 법이다. 그렇게 "아는 것이 힘"이라는 것을 경험으로 배웠다.

나는 전세 대출을 받아 무사히 송파구 장지동의 85㎡(25평형)대 아파트로 이사할 수 있었다. 대출을 받았으니 이자를 내야 했으나 월세를 내는 것보다는 좋았다. 더구나 아파트에는 부가가치가 있었다.

동기부여 강사가 경험하고 실천하면서 겪은 사례는 청중의 이해를 돕는 데 도움을 준다. 이것은 최고의 교육자료이기도 하다. 또한 그 과정과 결과물은 동기를 유발할 수 있기에 절대적으로 필요하다.

내 멘토는 자부심이 강했다. 특히 자신이 멘티의 인생을 바꿔놨다는 자부심이 강했고 그것이 자랑거리였기에 멘티에게 엄격했다.

그는 군자삼락君子三樂, 그러니까 군자의 세 가지 즐거움을 무척 좋아했다. 그 세 가지란 부모가 다 살아 계시고 형제가 무고한 것, 하늘과 사람에게 부끄러울 게 없는 것, 천하의 영재를 얻어 교육하는 것을 말한다. 이 중에서 앞의 두 가지는 멘토의 의지만으로 할 수 있는 게 아니었다. 그러나 마지막은 가능했기에 멘토링에 심혈을 기울였다.

#멘토링 시작, 여덟 번째

여덟 번째 멘토링은 '멘토 카피'다. 멘토의 모든 생활 습관을 카피하다 보면 멘토링의 의미를 빠르게 이해하고 흡수할 수 있어서 좋다. 내 멘토는 직접 실천하면서 경험한 성공 사례와 실패 사례, 이론과 사실을 바탕으로 멘토링을 했다. 멘토의 생활 습관은 곧 성공 습관이었고 덕분에 그는 광의의 성공[4]을 이룰 수 있었다.

그러한 성공 습관을 카피해 내 삶에 적용하면 말로 표현하지 않아도 스스로 느끼고 깨우쳐 실천하게 된다. 이를 일명 불립문자不立文字(불도의 깨달음은 마음에서 마음으로 전하는 것이라서 말이나 글에 의지하지 않는다)라고 한다.

어떤 멘토링이든 거기에는 그만한 이유와 의미가 포함되어 있다. 멘토의 좋은 점이나 닮고 싶은 부분만 카피하면 생활의 리듬이 흐트러져 균형을 잃고 넘어지고 만다. 이처럼 선택적 카피를 할 경우 전체 균형을 잡는 데 어려움이 따르므로 처음부터 끝까지 카피한 뒤 멘티의 생활에 맞춰가는 것이 좋다.

---

[4] 광의의 성공: 공인 신분으로 사회적으로 영향력을 끼칠 수 있는 성공을 말한다.
 협의의 성공: 개인이 추구하는 목표를 달성 혹은 성취하는 개인의 성공을 말한다.

예를 들어보자.

여기 한 고등학교 2학년생이 있다. 그는 반 전체 60명 중 성적이 57등에서 꼴찌를 왔다 갔다 한다. 어느 날 그 학생은 큰 호텔에서 진행하는 패션쇼 행사에서 아르바이트를 했다. 아르바이트를 끝낸 뒤 패션쇼에서 소개한 화려하고 멋진 의상에 관심이 생긴 그 학생은 책과 영상에서 이것저것 찾아보더니 '대한민국 최고의 의상디자이너'가 되겠다는 다짐을 했다.

의상디자이너가 되려면 일단 대학에 진학해야 한다. 성적이 한참이나 뒤처진 이 학생은 어떻게 공부해야 할까? 가장 먼저 해야 하는 것은 반에서 1~3등 안에 드는 친구의 공부법을 카피하는 일이다.

공부를 잘하는 친구가 몇 시에 일어나 어떤 공부를 어떻게 하는지, 시간과 건강은 어떻게 관리하는지 등 일상의 모든 것을 카피해 내 것으로 만들어야 한다. 그러한 기본부터 다지고 난 뒤 능력에 플러스알파를 해야 따라잡거나 이길 수 있다. 평소대로 공부하면 결코 이길 수 없다. 1등이나 최고 자리에 오르는 사람에게는 반드시 그만한 방법 혹은 비법이 있게 마련이다.

이것은 멘티와 제자의 차이점에서도 발견할 수 있다. 제자는 멘토의 성공 습관을 선별해 카피한다. 그러면 얼마 못 가서 넘어지고 만다. 반면 멘티는 선별하지 않고 모든 성공 습관을 카피한다. 그 덕분에 삐걱거리면서도 균형을 잡고 전진한다.

목표 관리

내 멘토의 인생 목표는 확고했다. 그는 조금도 망설임 없이 1초 안에 당당하게 말했다.

"대한민국이 선진국으로 가는 데 일조하는 것과 국민을 밀어주고 끌어줘서 성공적인 삶을 살도록 돕는 것."

멘토는 자신의 인생 목표에 따라 공부하고, 강의하고, 제자를 양성하겠다고 했고 실제로 그렇게 살아갔다. 그는 매년 인생 목표를 일정표 다이어리 상단에 정성스럽게 적었다. 그리고 그해 목표에 맞는 사자성어(2011년 화두 마부작침磨斧作針, 2012년 화두 초윤장산礎潤張傘, 2013년 화두 절차탁마切磋琢磨, 2014년 화두 대기만성大器晚成, 2015년 화두 군자불기君子不器)를 화두로 삼아 머릿속에 각인했다. 나아가 목표에 맞게 생각하고 행동하면서 생활하는 모습을 직접 보여주었다.

나는 멘토를 보면서 왜 인생 목표를 머릿속에 각인해야 하는지 깨달았다. 인간은 망각의 동물이다. 조금만 방심하면 잊어버린다. 나는 인생 목표를 예쁘게 쓴 액자를 벽에 걸어뒀다. 매일 볼 수 있게 말이다. 작은 액자로도 만들어서 책상 앞에 세워뒀다. 일기장을 열면 가장 먼저 보이는 것이 인생 목표다. 스마트폰 배경 화면으로도 올려두었다. 그래야 항상 생각하고 고민하면서 더 노력하려는 동기를 부여받기 때문이다. 머릿속에 남아야 게으름을 피우지 않는다. 나는 이것을 경험으로 깨달았다.

멘토는 매년 화두를 멘티와 공유했다. 나는 그 화두와 인생 목표에 맞게 상반기, 하반기, 월 목표를 정하고 매일 한 걸음씩 나아갔다.

시간 관리

내 멘토는 시간을 아주 알뜰하게 썼다. 새벽 3시 50분에 하루를 시작했으니 24시간을 30시간 이상으로 알뜰히 사용한 셈이었다. 이는 새벽 시간을 이용해 집중력을 키운 덕분에 가능했던 일이다. 그는 시간에 쫓기는 것이 아니라 오히려 시간을 몰고 다녔다. 하루를 일찍 시작했기에 항상 여유가 있었다.

강사로서 강의를 진행한 17년 동안 그는 단 한 번도 늦은 적이 없었다. KBS2라디오에서 아침 7시부터 〈이영권의 경제 포커스〉를 생방송으로 진행하는 8년 동안에도 역시나 단 한 번도 지각하지 않았다. 수원에서 여의도까지 가는 거리가 가깝지 않았음에도 불구하고 그는 청취자와의 약속을 반드시 지켰다.

세상이 고요한 새벽 시간은 멘토에게 황금 같은 시간이었다. 그 시간에 그는 운동하고, 공부하고, 글을 쓰고, 자기계발을 했다. 차량으로 이동하는 자투리 시간은 소통 시간으로 활용했다.

나도 멘토를 따라 겁 없이 '새벽 3시 50분에 일어나기'를 시도해 봤다. 정말 힘들었다. 그렇게 2주 정도가 지나자 코피까지 쏟아졌다. 따라 하고 싶은 마음은 굴뚝같았으나 몸이 따라주지 않았다. 그래서 5시 기상으로 바꿨다. 한때는 멘토가 모닝콜을 해주기도 했다.

아침에 일어나면 옷을 입고 운동하러 가는 데 드는 시간 10분이 아까워서 10분 앞당겨 4시 50분에 일어나 집주변 공원을 산책했다. 산책할 때는 "가갸거겨고교…"를 소리 내어 읊었다. 때로는 자기 최면을 걸었다. 인생 목표를 달성하겠다는 마음으로 "나는 이 시대 최고의 동기부여 강사가 된다!"를 외친 것이다.

부족한 공부나 자기계발, 글쓰기도 새벽 시간에 했다. 대학원에 다닐 때는 연구소에서 학교까지의 거리가 차로 1시간 정도 걸렸다. 그 시간이 아까워서 스마트폰에 공부할 부분을 녹음한 뒤, 차로 이동하는 내내 듣고 또 들으며 공부했다.

시간은 어떻게 활용하느냐에 따라 가치가 달라진다. 내 멘토의 성공비법에는 시간 관리도 포함되어 있다. 유한한 시간을 잘 활용하면 인생에 커다란 변화가 일어난다.

건강 관리

멘토는 건강을 잘 유지하고 관리해야 한다고 무척이나 강조했다. 건강이 무너지면 모든 게 무너지기 때문이란다. 멘토 자신이 건강을 잃은 상황이라 이는 강조하고 또 강조해도 지나치지 않았다.

멘토는 새벽 시간에 하루 30분가량 산책하면서 건강을 지켰고, 강의가 있으면 행사장에 약속 시간보다 먼저 도착해 주변을 걸으면서 생각을 정리했다. 흘려버릴 수도 있는 자투리 시간까지 꼼꼼히 관리하며 꾸준히 걸었다. 주말이면 골프나 등산도 즐겼다.

그렇게 했어도 멘토의 건강이 무너졌던 때가 있다. 2008년 10월경 멘토는 건강상의 문제로 갑자기 쓰러졌다. 다시 현업에 복귀하기까지 8개월이라는 시간이 걸렸는데 그나마 평소에 건강을 잘 관리했기에 회복이 빨랐다는 의사의 소견을 들었다.

멘토는 건강을 '유리공'에 비유했다. 한 번 깨지면 원상 복귀가 어렵다는 의미다. 더구나 나는 장애 정도가 심한 장애인이라 건강의 중요성에 더욱더 공감할 수밖에 없었다. 의족을 착용하고 걷는 나는 몸의 균형이 맞지 않아 척추가 휘었다. 그래서 조금만 방심하면 허리가 삔다. 디스크 초기 증상이다.

디스크에는 운동이 답이라는 의사의 소견이 있었기에 새벽 시간에 30분 정도 걸었다. 몸을 지탱하려면 근육도 필요하다. 그래서 윗몸일으키기, 아령 운동, 수영, 골프 등으로 근력운동도 열심히 했다. 멘토와 함께 주말에 산을 오르거나 골프를 치러 다니기도 했다. 나는 멘토를 보면서 건강이 무너지면 모든 게 무너진다는 것을 새삼 깨달았다.

건강하지 못하면 강의에도 힘이 줄어든다. 아이디어를 창안하기도 어렵다. 건강한 정신에서 건강한 아이디어가 나오는 법이다. 그토록 중요한 건강은 건강할 때 지켜야 한다.

인맥 관리

내 멘토는 모든 사람을 '보물'로 여겼다. 그리고 그 보물을 절대 선별하지 않고 한 사람, 한 사람을 소중하게 대했다. 가령 식사 중에 전화를 받아도 멘토는 식사 중이라고 얘기하지 않았다. 식사 중이라고 말하면 소통의 흐름이 끊기기 때문이다. 식사가 끝나고 다시 대화를 이어가려면 본연의 기분 상태가 아니라서 흐름이 끊긴다고 생각했다.

또한 멘토는 명함을 주고받으면 보물을 얻었다며 좋아했다. 명함을 받은 다음 날 멘토는 아침에 먼저 문자로 소통했다. 이어 3일이 지나기 전에 전화 통화로 안부를 전했다.

공인이 되기 이전에 멘토는 편지로 아침을 열었다. 그는 자필 편지를 매일 세 통씩 쓰면 성공할 수 있다고 했고 실제로 그걸 실천해 존경받는 광의의 성공을 했다. 소통은 주로 전화 통화와 문자를 이용했다. 하루에 꼭 세 명씩은 전화 통화를 했다. 통화하지 못하면 문자를 남겼는데 그러면 다시 통화가 이뤄졌다. 그는 '인맥은 소통'이라는 공식을 몸소 보여주었다.

나는 멘토에게 배운 대로 아침에 자필 편지 세 통을 쓴다. 그리고 전날 받은 명함이 있으면 책상 위에 펼쳐놓고 한 명씩 개별로 문자를 보낸다. 전화 통화는 최대한 편안한 마음으로 해야 내면의 소리를 끌어낼 수 있다.

일기를 쓸 때는 스마트폰 수신과 발신을 체크하고 부재중 전화가 있었는지, 연락한다고 하고 빠뜨린 것은 없는지, 문자에 답하지 못한 것이 있는지 등을 꼭 살핀다. 만약 빠뜨린 것이 있다면 다음 날 아침 먼저 연락해서 미안한 마음을 전한다. 그러면 좋은 이미지를 남길 수 있다. 연락만 잘해도 좋은 인연을 유지할 수 있다는 것은 멘토에게 배운 것이다.

자신이 먼저 좋은 사람이 되어야 한다. 그러면 자력의 힘이 강해진다. 자력의 힘이 강해야 사람을 끌어당길 수 있다. 그 기본은 자기 분야에서 실력을 키워 전문가가 되는 일이다. 그리고 모든 사람을 보물로 대하면 보물이 쌓인다. 그것은 금맥보다 더 소중한 인맥으로 남는다.

재정 관리

내 멘토는 매년 강의를 750~800회나 진행했다. 그만큼 수입이 상당했고 대한민국 0.01%에 드는 성공자였다. 그런데도 가계부를 쓰면서 돈을 철저히 관리했다. 그는 연 단위와 상반기·하반기, 월 단위, 주 단위 그리고 일 단위로 수입과 지출을 계산했다. 놀랍게도 멘토는 법인카드를 사용한 일주일 영수증을 연구소에 갖다주면 요일별, 시간대별로 순서에 맞게 구겨짐 없이 쫙

펴서 건네주었다. 그만큼 흐르는 돈까지도 꼼꼼하게 관리했다.

그는 수입이 많아도 절대 불필요한 지출은 하지 않았고 기분에 따라 계획에 없는 지출을 하지도 않았다. 특히 공과 사를 철저히 구분해 지출했다. 예를 들어 자동차를 구매하면 돈이 있어도 전액 현금이 아니라 절반을 할부로 했다. 그 이유를 물었더니 자신을 압박할 필요가 있어서 그런다고 했다. 그래야 더 고민하고, 긴장하고, 노력하고, 뛰어서 수입 창출을 위한 생산적인 노력을 한다는 것이었다.

내가 늘 머릿속에 담아두고 있는데 멘토는 "재정 관리의 시작은 수입 극대화와 흐르는 지출을 막는 것"이라고 했다. 그만큼 멘토가 내게 가계부를 쓰라고 권하고 그것을 점검한 데는 분명한 이유가 있었다.

돈은 우리 삶에 꼭 필요한 중요한 항목이다. 물론 우리는 언젠가 죽는다. 그래도 살아 있는 동안은 필요한 부분이므로 열심히 일해서 돈을 버는 게 맞다. 더구나 노후로 가면 갈수록 버는 것은 줄어들고 지출은 늘어난다.

나는 대학원에서 노인복지를 공부하며 멘토가 평생 직업의 필요성을 역설한 이유를 알았다. 그리고 내 가계부를 철저히 관리해 준 멘토 덕분에 나는 지금도 가계부를 쓰면서 흐르는 돈을 막고 있다.

가계부를 쓰고 점검하다 보면 소유욕이 부질없음을 깨닫는 효과도 얻는다. 역시 삶은 미니멀 라이프가 더 행복하고 즐거운 것 같다. 많은 사람이 〈신박한 정리〉라는 TV 프로그램을 보면서 깜짝 놀란다. 쓰지도 않으면서 쌓아둔 물건이 너무 많다는 것을 깨닫기 때문이다.

소유욕이 주는 기쁨은 아주 잠깐이다. 물질에 사로잡혀 살아서는 안 된다. 살면서 절대 돈의 노예가 되지는 말자.

이미지 관리

이미지는 크게 내적 이미지와 외적 이미지로 나뉜다. 내적 이미지란 하심下心을 말하고, 외적 이미지는 인상이나 목소리를 비롯해 깔끔한 외모를 뜻한다.

내 멘토는 단정한 것과 깔끔하게 정리한 상태를 좋아했다. 한번은 멘토가 내게 애장품인 서류 가방 안을 보여주었다. 각각의 물건이 흐트러짐 없이 잘 자리 잡고 있었다. 일정 달력과 지갑, 노트, 책은 가지런했고 그 밖에 여러 작은 소지품은 작은 상자 안에 들어 있었다. 명함은 명함집에 담겨 있었다.

그는 사람을 말 그대로 보물처럼 여겼다. 그래서 사람을 대할 때는 늘 포근하고 따뜻한 인상과 미소는 기본이고 목소리 톤까지 바뀌었다. 반가움을 온몸으로 표현한 것이다. 이는 상대가 마음의 경계를 풀도록 하기 위한 행동이었다. 그렇지 않으면 경계하기 때문이다. 이를 본받기 위해 나도 거울을 보며 미소 짓는 연습을 했다.

누구든 경계하면 속마음을 열어 보이지 않는다. 속마음을 모르면 보물을 잃을 수도 있기에 멘토는 늘 하심해야 한다고 말했다. 세상에 우리가 하대할 사람은 아무도 없다. 언제나 상대방을 존중해야 한다. 이런 마음 자세를 실천하려면 당연히 하심해야 한다.

옷을 입을 때 멘토는 항상 셔츠에 재킷, 정장 바지를 고수했다. 특히 셔츠에는 이름의 이니셜을 새겼다. 그 이유를 묻자 차별화라고 했다. 저렴한 셔츠도 이니셜을 새기면 고급스러워 보인다. 한여름에도 긴팔 셔츠를 입는 것이 상대를 대하는 예의라고 했다. 이토록 깐깐했기에 멘토는 멘티의 옷맵시가 단정하지 못하면 엄하게 혼냈다.

나는 강사의 길로 들어섰고 강사라면 강사다운 이미지를 갖춰야 한다. 나 역시 저렴한 셔츠에 이니셜을 새겨 순식간에 고급스러워 보이는 효과를 냈다. 때와 장소에 맞는 의상을 갖추는 것은 매우 중요하다. 그것은 최소한의 예의이기도 하다.

한번은 멘토가 내 책상을 슬쩍 내려다보며 말했다.

"책상을 잘 정리 정돈해야 집중력에 좋다."

나는 멘토에게 물건은 늘 제자리에 있어야 한다는 것과 깔끔하게 정리 정돈해야 한다는 것을 배웠다. 그것을 항상 실천하다 보니 물건이 흐트러져 있으면 정리해야 한다는 강박을 느낀다.

실제로 주위가 어질러져 있으면 집중력이 떨어진다.

명함도 명함집에서 꺼내 교환해야 기분이 좋다. 상대가 지갑이나 주머니에서 명함을 꺼내는 것을 보면 살짝 인상이 구겨진다.

겸손하고 예의 바른 모습은 상대방의 마음까지 녹일 수 있다. 아무리 시대가 바뀌었어도 예의 있는 사람은 좋은 이미지를 남긴다.

멘토 찾기

삶에서 멘토나 스승은 꼭 찾을 필요가 있다. 우리 삶에는 언제나 위험 요소가 도사리고 있기 때문이다. 마치 만취한 사람의 걸음걸이처럼 불안한 발걸음이 우리네 삶의 모습이다. 내 멘토도 멘토를 만나 인생을 바꿨고 나도 멘토를 만나 인생을 바꿨다.

유대인 부모는 자신의 친구와 자녀가 멘토-멘티 관계를 맺도록 해서 소통하게 한다. 물론 부모가 리드하는 것이 가장 좋은 방법이지만 부모는 자녀를 대하면서 자신이 원하는 방향으로 이끌려는 경향이 있다. 친구에게 맡기고 관심을 끊는 것도 한 방법이다. 이는 자녀가 바르게 성장하고 원하는 것을 찾게 하는 데 상당한 도움을 준다.

내 멘토는 아는척하지 않았다. 모르면 모른다고 분명히 말하고 함께 공부한 다음 다시 소통하면서 멘티에게 가장 좋은 방법을 알려주었다. 성공자 위치에서 모른다고 말하는 게 쉽지는 않앉을 터다. 그래도 모르면 모른다고 말하는 모습에 인간미가 느껴졌다. 편안한 사이라야 더 가까워질 수 있다. 멘토는 컴퓨터나 스마트폰, 신조어, IT 기계는 모르는 분야라고 말하면서 배우려고 애썼다. 참으로 인간적인 분이었다.

우리 삶에 멘토가 꼭 필요한 또 다른 이유는 장단점을 정확히 알려주기 때문이다. 장점은 강화하면 그만이다. 하지만 단점은 굉장히 조심스러운 부분이다. 일단 단점을 받아들이면 고칠 기회를 얻는다. 신뢰할 수 있는 멘토의 충고는 흡수하는 것 자체가 다르다. 법정 스님이 쓴 《물소리 바람소리》에는 이런 글귀가 나온다.

"학생은 많아도 제자가 드물고, 선생은 많은데 스승은 드물다."

이 말이 이제는 이해가 간다.

멘토가 멘토링했지만 멘토링이 먹히지 않아 실패한 사례도 있다. 연인 사이에 개입하는 멘토링은 적용에 어려움이 있다. 멘토가 정말로 아끼는 멘티가 있었다. 그런데 그 멘티는 멘토링보다 연인 관계를 더 우선시하면서 멘토링을 무시했다. 무척 가슴 아파한 멘토는 과한 스트레스로 입원하기까지 했다. 내 멘토는 다음 한마디로 멘토의 중요성을 강조했다.

"멘토는 인생 내비게이션이다."

멘토는 인생 내비게이션이 맞다. 목적지를 향해 전진하다 보면

더러는 잘못된 길로 접어들어 헤매기도 한다. 이럴 때 멘토는 헤매지 않고 바른길로 조금씩 전진하도록 돕는다.

어느덧 멘토의 입장이 된 내가 멘토링을 해보니 내 멘토의 마음이 이해가 갔다. 역시 사람은 그 자리에 가봐야 거기에 맞는 고민과 생각을 하면서 풀어간다. 새로운 깨달음이다.

나는 내 멘티가 멘토링을 잘 실천하는지 점검으로 알아낸다. 그렇게 점검하면서 인내심이 없으면 다그치면서 훈계하고 혼낼 수 있다는 것을 배웠다. 내 멘티는 멘토링을 받고 실천하면서 잘 따라오다가 여자 친구가 생기자 멘토링을 실천하지 않았다. 가계부를 보니 씀씀이가 커졌고 거짓으로 작성하고 있었다. 그의 생활 습관이 엉망이 되면서 결국 관계를 끊었다. 이런 일을 겪으니 내 멘토의 마음이 충분히 이해가 갔다. 새삼 고마웠다.

모르면서 아는척하는 행동이 믿음을 깨뜨릴 수 있다는 것도 알았다. 완전하게 알지 못하면서 아는척하면 상대방이 척척 따라오는 게 아니라 오히려 무시할 수 있으므로 조심해야 한다.

사회 공헌

내 멘토는 사회 공헌에도 앞장섰다. 사회 공헌이란 사회를 위해 힘써 이바지하는 것을 말한다. 그는 몇몇 사람을 후원해 대학 교육까지 마칠 수 있도록 도왔다. 또한 소액일지언정 몇 군데에 일정 금액을 후원했다. 수재민이나 이재민이 발생하면 스마트폰으로 ARS 전화번호를 눌러 기부했다. 그는 비록 적은 금액일지라도 기부하는 습관을 들여야 큰 금액도 기부할 수 있다고 말했다.

"사회 공헌은 성공의 꽃이다."

내 멘토가 가장 중요하게 강조한 말이다. 그는 성공자가 사회 공헌을 실천하지 않으면 반쪽짜리 성공이라 했다. 그리고 사회 공헌이 잘 이뤄져야 사회가 선순환 구조로 발전한다면서 솔선수범했다.

멘토에게 사회 공헌의 의미를 배운 나는 비록 소액이나마 몇몇 단체에 기부하고 있다. 전국천사무료급식소, 국경없는 의사회, 굿네이버스 등 우리 마음을 전할 곳은 많다. 내 능력껏 소액이라도 도움을 주면 마음이 흐뭇해진다.

이 사회는 우리가 함께 모여 사는 곳이다. 그곳 구성원인 나는 최소한의 약속만큼은 꼭 지켜야 한다는 생각에 공공질서를 잘 지킨다. 안타깝게도 기본을 지키지 않아 생명을 잃는 일이 여전히 많이 발생하고 있다. 대표적으로 교통사고와 건설 현장 사고가 있다. 나 역시 기본을 지키지 않아 발생한 사고로 장애인이 됐기에 이 부분에 크게 공감한다.

나는 멘토의 성공 습관을 'ctrl + c' (복사) 해서 'ctrl + v' (붙여넣기) 했기에 버텨내고 생존할 수 있었다. 생활 습관을 바꾸기까지 조금 삐걱거리고 흔들리긴 했어도 전혀 의심하지 않았다.

또 포기하지 않았기에 넘어지지도 않았다.

나는 여전히 멘토의 성공 습관을 업그레이드하고자 애쓰고 있다. 청출어람靑出於藍을 하겠다는 마음과 멘토의 명예에 흠집을 내지 않겠다는 자세로 조심스레 한 걸음씩 전진하고 있다.

#멘토의 사은회

　2015년이 밝아오면서 멘토의 병세는 급격히 나빠졌다. 강의를 끝내고 연구소에 오면 간이침대에 누워 몸과 마음을 추스르는 횟수가 잦았다. 그런 모습을 여러 번 봤는데 무슨 일이 생길 것 같아 마음이 조마조마했다. 멘토는 힘들다거나 아프다거나 기운 없어 보인다는 말을 가장 싫어했다. 그런데 힘들어하는 모습을 멘티에게 보여줬으니 얼마나 부끄러웠을까 싶다.

　돌이켜보니 멘토 정도의 위치에 있으면 힘들다거나 아프다는 말을 쉽사리 할 수 없을 것 같다. 멘토의 강의는 재미도 있지만 무엇보다 정보가 많았고 감동이 있었으며 동기부여가 되었다. 특히 자기계발과 건강을 강조했는데 그러면서 자신이 아프다는 것은 모순이기에 그 말을 하지 못했을지도 모른다.

　멘토는 건강상의 문제로 아주대학병원에 입원하고 퇴원하기를 반복했다. 갈수록 건강은 좋아진 것이 아니라 오히려 악화했고 보행에도 어려움이 생겼다. 휠체어에 의존해 강의하는 저력을 보여주는 모습은 감동적이면서도 안쓰러웠다. 심지어 환갑을 맞은 날에도 휠체어를 타고 강의하는 것을 보면서 강의에 대단히 진심이라는 것이 느껴졌다.

멘티와 제자 그리고 가까운 지인 들은 멘토의 근황을 무척이나 궁금해했다. 연구소에 멘토의 안부를 묻는 연락이 쇄도하기도 했다. 당시 멘토가 아픈 몸을 이끌고라도 연구소를 방문하고 싶다고 해서 나는 특별한 시간을 준비했다. 연구소에 멘티와 제자 30여 명을 초대해 조촐한 만남의 기회를 제공한 것이다.

그때 휠체어에 앉아 있는 멘토의 모습을 보고 깜짝 놀라지 않은 사람이 없었다. 한 명씩 눈물을 흘리기 시작하더니 그곳은 순식간에 눈물바다가 되었다. 멘토는 이렇게라도 만날 수 있었음에 감사했다.

멘토는 하루하루 병마와 싸우느라 약물에 의존해야만 했다. 독한 약과 주삿바늘이 몹시 괴롭혔어도 그는 아프다는 말을 하지 않았다. 그야말로 강인한 정신력이었다. 그런데 어느 순간 그토록 강인하던 정신까지 혼미해지면서 모든 것이 모래성처럼 무너져내리는 것이 보였다.

나는 멘토 그리고 멘토의 가족과 상의해 더 늦기 전에 은퇴식을 열어드리자고 제안했다. '은퇴'라는 단어를 아주 싫어한 멘토는 그 행사를 사은회로 명명했다. 2015년 7월 25일 토요일, 우리는 수원 라마다 호텔에 150여 명을 초대해 행사를 성대하게 치렀다. 그것은 오롯이 멘토만을 위한 행사였다.

우리는 얼음조각상으로 행사의 품격을 높였고 멘토의 저서와 활동사진으로 입구를 장식했다. 내부는 풍선과 리본, 현수막 등으로 화려하고 예쁘게 꾸몄다.

큰아들이 밀어주는 휠체어를 타고 사은회 행사장으로 들어온 멘토는 밝고 환한 모습으로 손을 흔들었다. 아무 고통 없이 행복한 모습이었다. 멘토의 그 모습을 본 장내의 모든 사람은 기립박수로 환호했다.

마이크를 잡고 감사의 인사말을 전하는 멘토는 예전 그대로의 모습이었다. 비록 몸은 휠체어에 의지하고 얼굴은 많이 야위었지만 목소리만큼은 한창 시절의 힘 있는 모습 그대로였다. 17년 동안 마이크를 잡았던 멘토에게 그때 잡은 마이크는 마지막 마이크였다.

행사가 끝나고 이틀 뒤 멘토는 나를 집으로 초대해 고마운 마음을 전했다. 그때 내 손을 꼭 잡으면서 고맙고 고생했다며 환하게 웃던 모습이 기억에 선하다. 마치 어제의 일 같다. 아마도 사는 동안 그때의 따뜻함과 환한 표정과 천사 같은 미소를 영원히 잊지 못할 것이다.

지금까지 나는 멘토와 많은 행사를 함께 기획했지만 가장 잘한 기획이 멘토의 사은회라고 생각한다. 사은회를 열지 않았으면 평생 두고두고 후회할 뻔했다. 그 행사 비용은 멘티와 제자, 지인

들이 십시일반으로 모아서 충당했다. 모두가 아무리 세월이 흘러도 잊지 못할 소중한 인연이다. 그때 도움을 준 모든 분께 지면으로나마 고개 숙여 감사의 마음을 전합니다.

#멘토의 장례식

멘토와의 삶이 영원할 줄 알았다. 그럴 거라고 믿고 싶었다. 기어코 이별의 시간이 찾아왔다. 그것도 너무 빨리. 벌써 멘토가 떠난 지 8년이나 되었다. 그 세월은 눈 깜짝할 사이에 흘렀고 나는 여전히 믿어지지 않는다. 아프고 슬프고 애통하다.

사은회가 끝나고 병세가 급격히 나빠졌다. 결국 2015년 9월 5일 토요일 오전 10시경 멘토는 가족이 보는 앞에서 영면에 들었다. 사은회를 치른 지 딱 42일 만의 일이었다. 장례를 치르는 3일 내내 나는 장례식장 입구에서 조문객과 문상객을 맞이했다. 영정사진은 평소 멘토가 좋아했던 사진으로 세 개를 준비했는데 가족이 그중 가장 환하게 웃는 모습을 골랐다.

영정사진 속 멘토는 환하게 웃고 있었다. 살아생전 멘토가 환하게 웃을 때 어떤 느낌이었는지 알고 있는 조문객과 문상객은 눈물을 흘리지 않을 수 없었다.

멘토의 마지막 길을 아쉬워하는 인파가 한꺼번에 몰리면서 줄을 서서 조의를 표하는 진풍경도 펼쳐졌다. 문상객 중 한 분은 인사를 마친 뒤 바닥에 주저앉아 대성통곡하면서 "이렇게 보낼 수는 없다!"라고 외쳤다. 그는 멘토를 한 번도 만난 적이 없다고 했다. 다만 삶에 지치고 힘들어서 생명을 끊으려 할 때 멘토의 강의와 책과 TV 방송 영상을 우연히 보고 새롭게 출발했다고 한다. 멘토의 부고 소식을 들은 그는 놀라운 마음을 부여잡고 부산에서 수원까지 한걸음에 달려왔다고 했다. 양쪽 어깨를 들썩이며 흐느껴 우는 그의 모습에서 진심으로 가슴 아파하는 게 느껴졌다.

멘토는 많은 사람에게 희망과 용기와 행복을 줬다. 그야말로 멘토는 자신의 인생 목표대로 멋지게 살다 갔다.

휠체어에 앉아 마지막까지 마이크를 잡은 그는 평생 직업이 얼마나 중요한지, 좋아하는 일을 한다는 것이 어떤 것인지 온몸으로 보여주었다. 건강이 무너지면 모든 게 무너진다는 것도 마찬가지다. 특히 생애 내내 하고 싶은 일을 하는 것은 큰 복이라는 것도 가르쳐주었다.

천 명이 넘는 인파가 멘토의 마지막 길을 함께했다. 아마 떠나는 길이 그리 외롭지 않았을 것이다. 멘티와 제자가 멘토를 운구했는데 너무 가볍다는 생각이 들었다. 떠나면서 든든하게 먹지 못하고 야위었을 것을 생각하니 마음이 아팠다. 화장장에서 뜨거운 불길로 들어가는 모습을 보면서 나는 꼭 환생해 다시 만날 수 있게 해달라고 빌고 또 빌었다.

부디 아픔이 없는 곳에서 편안하게 쉬며 하고 싶던 공부와 강의를 실컷 하시길 기원한다. 나는 다시 태어나도 멘토의 멘티가 되고 싶다. 나를 멘티를 넘어 가족 이상으로 대해주며 크고 작은 행사에 데려가 직간접 체험을 하게 해준 것은 그 자체로 살아 있는 공부였다. 세월이 흐를수록 그의 빈자리가 참으로 크게 느껴진다.

가끔 멘토가 그립고 생각나면 소주 한 병을 들고 찾아가 근심 걱정을 풀어놓는다. 그러면 마음이 편안해지면서 멘토링이 다시 떠오른다. 멘토는 떠났어도 멘토링은 영원할 것이다.

3장 살아남으려면 버텨야 한다

#기본으로 돌아가다

 멘토가 떠나면서 내 '인생 내비게이션'이 사라졌다. 막다른 길에 도달하면 어디로 가야 할까? 한동안 막막했다. 도무지 방향이 잡히지 않았다. 마치 망망대해에서 식수와 식량마저 떨어진 배가 동력을 잃고 조류에 따라 이리저리 휩쓸리는 상황 같았다.

 멘탈 붕괴! 그야말로 멘붕이 왔다. 다행히 모든 것이 무너져간 그 상황에서도 한 가지만큼은 선명하게 남았다. 바로 인생 목표다. 인생 목표가 선명하게 남았다는 것은 아직 희망의 불씨가 완전히 꺼지지 않았다는 증거다. 그 불씨를 살려야 했다. 그것을 살리기 위해 후회 없이 사는 것이 진짜 내 삶이었다.

 연구소 역시 점차 방향을 잃어갔다. 멘토가 없는 상황에서도 교육과정을 진행하기 위해 다방면으로 노력했으나 교육생을 모집하는 것 자체가 어려웠다. 연구소 교육은 애초에 이영권 박사의 성공철학, 성공습관, 성공학, 그 밖에 지식이나 정보를 배우면서 동기를 부여받고 자기계발과 역량 강화를 위한 것이었다. 그 주체가 사라졌으니 방향을 찾기란 쉽지 않은 일이었다. 결국 모든 교육을 잠정 중단하고 연구소 규모를 최대한 줄여 간신히 명맥만 유지했다.

꺼져가는 희망의 불씨를 살려야 했다. 더구나 풍전등화 같은 아슬아슬한 불씨다. 내 인생에 닥친 커다란 위기였다. 좌절감이 커서 뭘 해도 의욕이 생기지 않았다. 온갖 생각이 머리를 점령하는 바람에 소통도 되지 않고 편지도 써지지 않았다. 공부도 되지 않았고 심지어 운동마저 힘들었다.

집 밖으로 나가는 것 자체가 어렵다 보니 강의도 할 수 없었고 강의가 잡히지도 않았다. 어찌나 힘들던지 모든 것을 정리하고 고향으로 내려갈까 하는 생각도 했다.

살다 보면 누구나 위기를 겪는다. 겪지 않고 살면 좋겠지만 그런 행운을 타고나는 사람은 드물다. 삶은 우리에게 끊임없이 도전장을 내민다. 원하든 원하지 않든 힘든 시간은 반드시 찾아온다. 개개인의 상황이나 여건에 따라 아픔과 슬픔의 강도는 달라도 불청객이 찾아오기는 매한가지다. 어떻게 하면 그걸 지혜롭게 헤쳐갈 수 있을까? 이건 인생의 커다란 숙제다.

힘들고 어려울 땐 주저앉아 실컷 울어도 괜찮다. 잠시 멈춰서서 신세를 한탄하며 욕을 해도 상관없다. 그저 꾹꾹 누르며 참으려 하지 마라. 눌러두면 언제 터질지 모르는 폭탄으로 커지고 만다.

어떤 방법으로든 시간을 갖고 풀어야 한다. 이럴 때는 흔히 자신과 남을 비교하곤 하는데 이는 조심스럽게 접근해야 한다. 비교는 크게 두 가지로 나눌 수 있다. 힘을 잃는 비교와 힘을 얻는 비교. 이때 반드시 기억해야 할 것은 세상의 중심은 바로 '나'라는 점이다. 비교를 하더라도 나는 내 삶을 살고 있고 그것도 한 번뿐인 인생이라는 사실을 잊지 않아야 한다.

가장 좋은 것은 마음 가는 대로, 하고 싶은 대로 하는 것이다. 단, 주변에 피해를 주면 안 된다. 울고 싶으면 울어라. 탓하고 싶으면 탓하라. 자책하고 싶으면 자책하라. 멍 때리고 싶으면 멍 때려라. 원망하고 싶으면 원망하라. 뭐든 하고 싶은 대로 하는 게 가장 좋다. 이때 주변에서는 무얼 하든 그 자체를 존중하는 마음으로 참고 기다려주는 것이 바람직하다. 괜한 간섭은 오히려 반항심만 불러일으킬 수 있다.

내게 필요한 것은 바로 '멍 때리기'였다. 모든 생각을 비우고 또 비워야 했다. 실제로 나는 '멍' 때리는 나날을 보냈다. '멍'[5] 때리기를 하면서 비우고, 비우고 계속 비웠다. 더는 비울 것이 없을 때까지 비웠더니 문득 '처음부터 다시 시작하자' 하는 생각

---

[5] 미국의 뇌과학자 마커스 라이클 박사는 지난 2001년 뇌 영상 장비로 사람이 아무런 인지 활동도 하지 않을 때 활성화하는 뇌의 특정 부위를 알아낸 뒤 논문으로 발표했다. 라이클 박사는 뇌가 아무런 활동도 하지 않을 때 작동하는 이 특정 부위를 '디폴트 모드 네트워크default mode network, DMN'라고 명명했다. 마치 컴퓨터를 리셋하면 초기 설정default으로 돌아가는 것처럼 아무 생각도 하지 않고 휴식을 취할 때 뇌의 디폴트 모드 네트워크가 활성화한다는 의미다
(출처: 네이버 지식백과. '멍 때려야 뇌가 쌩쌩해진다?!', KISTI의 과학향기 칼럼).

이 들었다. 어쨌든 내 삶의 시작은 맨손이었을 게 아닌가. 나는 결론을 내렸다.

'기본으로 돌아가 다시 시작하자!'

새롭게 시작해 보자는 마음으로 책상에 앉았는데 그때 책상 앞에 놓인 내 인생 목표 '나는 이 시대 최고의 동기부여 강사가 된다' 액자가 뚜렷하게 보였다. 액자를 보는 순간 나도 모르게 마음이 찡해지면서 뜨거운 눈물이 흘러내렸다. 나는 다짐했다.

'다시 일어서기 위해 어떤 일이 있어도 악착같이 이를 악물고 버티자.'

이렇게 다짐하면서 다시 일어서기 위한 준비와 방향을 새롭게 설정했다.

나는 인생 목표 덕분에 비교적 빨리 방향을 설정할 수 있었다. 그만큼 인생 목표는 인생 맛집이나 인생 여행, 인생 사진보다 더 위대하다. 인생 목표 속에 인생 맛집이나 인생 여행, 인생 사진 등 모든 것을 포함해도 좋다.

유대인은 목표를 종이에 쓰라고 강조한다. 경험해 보니 그 말이 맞다. 기록한 목표는 어떤 상황에서도 그것을 기억하게 해준다. 나아가 고민을 행동으로 옮길 용기도 부여해 준다.

#내 몸이 최고의 재산

내가 기본으로 돌아가 가장 먼저 관리한 것은 건강이다. 건강을 잃으면 모든 것을 잃는다는 사실을 누구보다 잘 알았기에 건강부터 챙겼다. 멍 때리는 3개월 동안 늦게 자고, 늦게 일어나고, 아점·점저 혹은 아예 거르거나 폭식하는 등 불규칙한 식생활을 하는 바람에 몸과 마음이 무너져가던 참이었다. 나는 거기에 급히 제동을 걸었다.

몸은 움직이지 않으면 온갖 질병이 찾아오고 마음은 다잡지 않으면 나약해진다. 그래서 적당한 운동과 긍정적인 생각이 꼭 필요하다. 특히 이것은 건강에 큰 도움을 준다. 실제로 나는 **불규**칙한 식생활로 위장에 염증이 심했고 식도에 역류성 식도염이 생겨 많이 고생했다. 갑자기 살이 찌면서 몸이 둔해지기도 했다.

여기서 끝이 아니라 마음의 상처도 컸다. 그것이 밖으로 표출되면서 사람을 만나도 삐딱하게 말했고, 있는 그대로를 인정하지 못했다. 매사에 부정적이고 불평하는 마음으로 바뀌면서 세상과 사회를 향한 불만이 쌓여갔다. 이런 문제를 떨쳐내려면 팽개쳐둔 규칙적인 삶을 바로 잡는 것이 우선이었다.

먼저 일찍 일어나 운동을 시작했다. 처음엔 가볍게 걸으면서 떠나간 긍정의 마음을 다시 불러들였다. 운동으로 정신 건강과 육체 건강을 유지하면서 단단하게 만든 것이다.

멘토에게는 많은 사람이 찾아와 상담을 요청한다. 때에 따라서는 옆자리에 동석하기도 한다. 멘토는 상담 마지막에 흔히 이렇게 조언한다. 일찍 일어나 하루를 새벽에 시작하라고. 대개는 그 말뜻을 헤아리지 못한다. 새벽 시간을 활용해 정신적, 육체적 건강부터 챙기라는 얘기인데 알아듣지 못하니 실천하지도 않는다.

풀리지 않는 고민이 생겨 답답할 때는 자연과 함께하는 것도 좋다. 그것도 좁고 어두운 공간이 아니라 확 트인 드넓은 자연으로 가서 크게 심호흡하길 권한다. 높고 푸른 산이나 끝이 보이지 않는 바다 같은 대자연을 보면 막혔던 혈이 뚫리는 듯한 기분이 든다.

나는 간혹 남한산성 전망대에 올라가 한강이 흐르는 서울 전경을 내려다본다. 한강은 늘 그 자리에서 변함없이 흐른다. 그 한강이 재밌게도 어떤 때는 아름답게 보이고 또 어떤 때는 밉게 보인다. 바로 내 마음의 변덕이다. 자연에는 죄가 없다.

우리 마음속에는 여러 세상이 존재한다. 그래서 먼저 내 마음을 다스리는 것이 중요하다. 자연과 함께하면 마음 정리가 비교적 수월하다. "대자연은 위대한 스승"이라는 말이 괜히 나온 게 아니다. 나는 그 말이 충분히 이해가 간다.

마음에 여유가 생기니 외부 활동이 한결 편안해졌다. 부정적인 마음이 사라지자 만남이 편해졌고 소통하면서 경청하고, 이해하고, 배려하는 마음도 생겼다.

그렇게 편안한 마음으로 실력부터 쌓기로 했다. 우선 동기부여 주제에 맞는 강의 내용을 위해 설계도를 짰다. 건물을 지을 때처럼 강의에도 설계도가 꼭 필요하다. 나는 설계도의 기-승-전-결에 맞게 내용을 채웠다. 물론 각각의 내용은 청중에 따라 다르게 채웠고 곧바로 연습에 돌입했다.

거울을 보고 연습하고 벽을 보고도 연습했다. 영상으로 찍으면서 연습하고 운동을 하면서도 연습했다. 또 녹음해서 들어보고 이동하는 차 안에서도 연습했다. 심지어 꿈에서까지도 연습했다. 연습은 머리와 몸이 학습하는 것이자 습관화하는 과정이다.

강의 중에 뜻밖의 돌발 상황이 발생하는 것은 다반사다. 충분히 연습한 강사는 돌발 상황을 자연스럽게 넘기는 반면 그렇지 않은 강사는 당황한다. 끊어진 흐름을 다시 이어가려면 머릿속과 몸이 항상 준비되어 있어야 한다. 이것은 연습으로 습관화해야 가능하다. 그러면 불필요하고 잡스러운 일이 생겨도 자연스럽게 이어갈 수 있다.

비단 강사만 그런 것이 아니다. 무슨 일을 하든 연습과 훈련은 꼭 필요하다. 반복 학습과 마찬가지로 반복해서 연습하는 것은 무척 중요하다. 가령 국가대표 선수들은 올림픽 금메달을 목표로 매일 반복 훈련을 하면서 몸이 기억하게 한다.

우리는 인생 목표를 위해 얼마나 반복 훈련을 하고 있는가? 어릴 때 구구단을 외우느라 고생한 경험이 있지 않은가. 천재가 아니면 한 번 보거나 듣는 것으로 구구단을 완벽하게 외울 수 없다. 보통사람은 대부분 여러 번 반복해서 연습하고 또 연습하며 외운다.

이처럼 학습 과정 역시 반복 훈련으로 이뤄진다. 일단 완벽하게 익히면 거꾸로 하든, 중간부터 하든 곧바로 답이 나온다. 어떤 분야에서나 그렇게 툭툭 튀어나올 정도로 연습해야 경쟁자를 이기고 나아가 전문가 타이틀을 거머쥘 수 있다.

강의에 자신감이 생길 즈음 4개월 만에 첫 강의 의뢰가 들어왔다. 내 가치를 인정받을 절호의 기회였다. 그 기회를 절대 놓치고 싶지 않았다. 또한 처음이자 마지막이라는 심정으로 후회 없이 최선을 다하고 싶었다.

나는 '두 번의 기회는 없다'는 자세로 강의를 준비했고 그런 만큼 무대를 맘껏 즐겼다. 더구나 청중의 눈과 얼굴을 바로 보면서 필요한 부분을 콕콕 집어 강의했기에 강의 만족도를 높일 수 있었다.

강의가 끝난 뒤 나를 강사로 초대한 담당자에게 연락이 왔다. 과연 어떤 얘기를 할까? 그 평가가 궁금해 강의할 때보다 더 떨리는 마음으로 조심스럽게 전화를 받았다. 만족할 만한 답변이었다. 더 고맙게도 다음 강의까지 부탁했다. 그렇게 나는 첫 단추를 잘 잠갔고 조금씩 활동 영역을 넓혀갔다.

강사에게 가장 중요한 것은 내가 먼저 강사다운 모습을 보여야 한다는 점이다. 또한 상황에 맞게 자기다운 모습을 갖추고 있어야 한다. 그래야 실력을 제대로 발휘하는 것을 넘어 상대를 압도할 수 있다.

그런 의미에서 내게는 내 몸이 최고 재산이다. 그 몸을 건강하게 유지하기 위해 오늘도 나는 몸에 감사하며 활력을 불어넣으려 애쓴다.

#도전이 없는 삶은 사치다

비록 나는 장애 정도가 심한 지체장애인이지만 도전을 몹시 좋아한다. 심지어 도전을 즐기기도 한다. 따지고 보면 어차피 내게는 장애인으로 살아가는 것 자체가 도전의 연속이다.

어쩌면 내가 도전을 좋아하고 즐겼기에 지금의 내가 존재하는 것인지도 모른다. 내게 도전이 없는 삶은 사치스러울 정도다. 실제로 내게는 쉬운 일이 거의 없다. 무얼 하든 남보다 몇 배 더 도전하고 기를 써야 한다.

도전은 오롯이 자기 자신과의 싸움이다. 주변에 자랑하기 위한, 보여주기 위한, 허세를 부리기 위한 것이 아니다. 누구나 인생 목표대로 전진하다 보면 이런저런 부딪침을 경험한다. 당연하다. 인생은 문제해결의 연속이니 말이다. 그러한 도전에 익숙해져야 한다. 처음 접하는 여러 가지 일을 하나씩 헤쳐가는 것 자체가 곧 삶이다.

강단에 서다 보면 청중이 100명 이하일 때도 있고 그 이상일 때도 있다. 상황에 따라서는 천 명이나 만 명이 넘기도 한다. 전 국민을 상대로 한 방송일 경우도 있다. 어떤 상황에서든 전문가는 청중이 많은 쪽을 더 좋아한다. 왜 그럴까? 우선 전문가로서 자기 일을 즐기기 때문이다. 또한 많은 도전으로 충분히 검증을 거친 덕분이다. 그런 전문가는 청중이 더 많은 쪽을 선호한다.

강사로 처음 입문할 때는 보통 청중이 적었으면 한다. 무대 공포증, 두려움, 부끄러움, 따가운 시선, 부족한 실력 등의 이유로 인원이 적길 바란다. 그러다가 실력을 쌓고 강사다운 면모를 갖추면 좀 더 많은 인원에 도전하면서 성취감을 얻고 강의를 즐긴다. 이 일련의 과정 자체가 도전의 연속이다.

도전하지 못하는 데는 크게 두 가지 이유가 있다.

첫 번째는 실패할지도 모른다는 두려움 때문이다. 많은 사람에게 도전하기도 전에 먼저 실패를 생각하는 아주 못된 버릇이 있다. 실패를 먼저 생각하면 자기도 모르게 실패 쪽으로 기울어간다. 그래서 조금이라도 힘들고 어려우면 포기하려 하는 악순환이 발생한다. 성공을 먼저 생각해야 최선을 다하게 된다.

두 번째는 쪽팔리면 어쩌나 하는 두려움 때문이다. 이는 실패하면 주변 사람들이 수군거리거나 놀릴 거라는 두려움으로 떠는 것을 말한다. 이럴 때는 어디까지나 '내 인생의 도전' 이라는 것을 기억해야 한다.

 설령 실패할지라도 도전하면서 얻는 성과가 훨씬 더 크다. 도전해서 성공하면 원하는 방향으로 바르게 가면 그만이다. 만약 실패한다면 왜 실패했는지 배울 학습 기회다. 여기에다 도전자들의 다양한 면모를 보면서 벤치마킹[6]할 기회까지 얻는다. 이런 효과를 경험하면 다음에 도전할 희망과 기대가 생긴다.

 2020년 한국장애인고용안정협회 주최로 '직장 내 장애인 인식개선 강사 콘테스트'가 열렸다. 나는 당당하게 도전장을 내밀었다. 내가 직장 내 장애인 인식개선 강사 자격을 취득한 뒤 그 일을 바르게 잘하고 있는지 한 번쯤 냉정하게 평가받고 싶었기 때문이다. 또한 다른 강사들이 어떻게 강의하는지 궁금하기도 했다. 배울 점은 배우고 잘못하고 있는 점은 개선할 필요가 있었다.

 나는 예선전을 위해 주최 측 요구사항에 맞게 10분 분량의 강의 영상을 준비해서 이메일로 보냈다. 10분 영상을 제작하기 전, 일단 주최 측의 의도를 잘 살폈다. 그리고 거기에 맞게 설계도를 짠 뒤 살을 붙여 100번 이상 연습하고 영상을 만들었다. 결국 나는 본선에 오른 열 명 중 하나에 속했고 그 열 명은 심사위원 여섯 명 앞에서 오전에 10분, 오후에 10분 강의를 했다.

 강의 순서는 제비뽑기로 정했다. 나는 오전에는 여덟 번째로

---

6) 기업에서 경쟁력을 높이는 방법의 일환으로 타사에서 배워오는 혁신 기법을 말한다. 복제나 모방과는 다른 개념이다.

시연했고, 오후에는 세 번째로 시연했다. 이번에도 주최 측에서 요구하는 강의 내용을 충분히 숙지하고 준비한 다음, 강사다운 복장과 강사다운 목소리 그리고 주어진 시간 10분에 맞는 내용으로 강의했다.

강심장이 아닌 이상 시험을 치르면 누구나 떨리게 마련인데 나도 마찬가지였다. 나는 다양한 방법으로 100번 이상 연습하며 떨림을 최소화하기 위해 노력했다. 혼자 거울을 보면서 혹은 가족 앞에서 연습하고 녹음하거나 영상을 찍어 확인하며 연습하기도 했다. 숲에서도, 나무 앞에서도 연습했기에 나는 두려움을 떨쳐낼 수 있었다.

그 모든 노력과 훈련, 연습은 나를 배신하지 않았다. 나는 당당히 최우수상을 거머쥐었고 고용노동부 장관상을 받았다. 그때 알았다. 내가 강의하는 방법이 옳다는 것과 어떤 부분을 더 노력하고 강화해야 하는지. 나는 강사라는 내 명함이 자랑스럽다. 부끄럽지 않을 만큼 혼신의 노력을 다하기에.

2019년 10월(2021년 1월부터 예약제로 바뀜), 나는 겁 없이 한라산(1,950미터) 등반에 도전장을 내밀었다. 반드시 백록담을 보겠다는 목표를 세우고 과감하게 도전한 것이다. 아침 6시 성판악 코스를 개방하자마자 나는 열심히 걷기 시작했다. 평지와 계단과 돌길을 걸으면서 나는 반드시 백록담을 보겠다는 목표를 잊지 않았다. 그렇게 걸어서 11시경 진달래밭 대피소까지 갔고,

잠깐 쉬었다가 다시 출발했는데 이때부터는 굉장한 난코스다. 끝없는 계단과 뾰족한 돌길과 오르막길을 오르고 또 오르다 보니 저 멀리 정상이 보였다. 정상에 가까워질수록 바람도 거세고, 다리도 아프고, 춥고, 정말 힘들었다. 사실 너무 힘들어서 두 번 정도는 포기하고 돌아갈까 생각하기도 했다. 그때 반드시 백록담을 보겠다는 내 목표가 마음을 후려쳤다. 더구나 거기까지 가서 인생에 후회를 남기고 싶지 않았다.

나는 이를 악물었다. 더 이상 정상을 바라보지도 않았고 그저 10미터 앞만 보면서 묵묵히 걸었다. 그렇게 한 계단, 한 계단 오르자 어느새 정상이 내 눈앞에 나타났다. 백록담을 보자 나도 모르게 눈물부터 났다. '내가 해냈다'는 벅찬 감동과 함께 감사함이 밀려왔기 때문이다.

그런데 오르막길이 있으면 내리막길도 있는 법. 잘 내려와야 했다. 한 계단씩 내려와야 하는데 의족을 착용하고 걸으면 올라갈 때보다 3배는 더 힘겹다. 그래도 목표를 달성했으니 마음이 하나 가득 풍년이라 여유로웠다. 조심조심하며 산에서 내려오니 어느덧 오후 5시였고 그렇게 11시간 만에 한라산 등반을 끝낼 수 있었다. 나는 또 다른 내 몸인 의족을 쓰다듬으며 잘 버텨주어 고맙다는 말을 전했다.

왜 한계를 넘나드는 도전이 필요한 걸까? 그것은 일종의 예방접종이다. 살아가면서 우리는 끊임없이 어려움을 겪는다. 한데 일단 자기 한계를 넘어서는 도전에 성공하면 삶에서 겪는 소소한 어려움이 그리 힘겹게 느껴지지 않는다. '그 어려운 것도 이겨냈는데' 하는 마음에 용기가 샘솟는 것이다. 아마도 이건 도전이 안겨주는 희망이 아닐까 싶다.

한라산 등반을 함께해준 두 지인에게 지면을 빌려 진심으로 감사했음을 전한다. 덕분에 해낼 수 있었습니다.

세상에는 도전으로 인생을 바꾼 사람이 참 많다. 트로트 가수도 그중 하나다. 어느 순간 대한민국에 트로트 열풍이 불었고 2020년은 '트로트의 해'라고 불러도 손색이 없을 정도였다. 도전자들의 트로트 오디션 대전 방송도 붐을 이뤘다. TV조선의 〈미스터트롯〉과 〈미스트롯〉을 비롯해 MBC 〈트로트의 민족〉, KBS2 〈트롯 전국체전〉, SBS 〈트롯신이 떴다〉가 대표적이다.

그 도전에서 1등을 한 임영웅, 송가인 등은 인생이 완전히 바뀌었다. 만약 그들이 도전하지 않았다면 지금의 영광은 없었을 것이다. 이처럼 도전은 인생을 바꿀 절호의 기회다. 도전은 그 자체로도 멋지지만 인생을 업그레이드할 기회를 주어 더 아름답다.

#방아를 찧다가 득도하다

흔히 여러 가지 재능이 있는 사람을 '팔방미인八方美人'이라고 하는데 이게 반드시 좋은 것만은 아니다. 한 가지 일에 집중하지 못하고 온갖 일에 조금씩 손을 대다가 어느 것 하나도 제대로 해내지 못할 수 있어서다. 심하면 끼니 걱정까지 할 수도 있다. 한 인간이 다방면으로 잘 해내기는 어렵다.

성공해서 인정받고 싶다면 원하는 분야, 즉 가장 잘하고 좋아하는 일에 깊이 빠져 전문가가 되어야 한다. 그 일이 재미있어서 즐긴다면 금상첨화다.

한 분야에 10년 이상 종사한 사람을 전문가라 한다. 20년 이상 종사한 사람은 달인이라 하며 30년 이상 종사한 사람은 장인 혹은 명장이라 한다. 어느 한 분야의 최고는 이러한 과정을 거쳐 탄생한다.

내 멘토는 '하나에 집중해 전문가가 되어야 하는 이유'를 설명할 때마다 6조 혜능 대사 얘기를 많이 했다. 혜능 대사는 방아를 찧다가 득도한 분이다. 신기한 여러 일화와 못생긴 그림으로 널리 알려진 달마 대사의 선법은 2조 혜가, 3조 승찬, 4조 도신, 5조 홍인, 6조 혜능으로 법통이 이어졌고 이는 현재 한국의 조계종과 법맥이 연결되어 있다.

젊은 시절 혜능 대사는 홀어머니를 모시고 나무를 해다가 시장에 내다 팔면서 어렵게 살았다. 어느 날 시장에서 나무를 팔고 돌아오는데 어디선가 독경 소리가 들려왔다. 그 소리를 듣자마자 혜능은 피곤했던 몸과 마음이 편안해지는 느낌을 받았다. 서둘러 집에 돌아온 혜능은 어머니께 사정 얘기를 하고 곧장 가까운 사찰로 떠났다.

그 사찰의 조실 홍인 대사는 혜능과 몇 마디를 나눈 뒤 그가 범상치 않은 인물임을 한눈에 알아보았다. 그런데 수행을 허락받은 혜능이 받은 임무는 바로 방아를 찧는 허드렛일이었다.

그렇게 혜능은 몇 년 동안 묵묵히 방아를 찧었다. 사찰의 다른 승려들은 선방에서 수행에 전념했으나 혜능은 공부에 허기를 느끼면서도 어깨너머로 보거나 귀동냥으로 얻어듣는 게 전부였다. 그가 수행에 목이 말라 방아 찧는 일을 그만두려 할 때마다 홍인 대사가 나타나 방아를 찧는 다른 방법을 일러주고는 홀연히 사라졌다.

속절없이 세월이 흐르고 흘러 몇 년이 훌쩍 지나갔다.
어느 날 5조 홍인 대사는 대중이 드나드는 길목에 이런 방문榜文을 붙여놓았다.

'여기 큰 거울이 있는데 때가 묻었으니 이를 어찌할꼬?'

그것을 본 혜능은 이런 게송을 읊었다.

"보리는 본래 나무가 아니고 거울 또한 대臺가 아니다. 본래 한 물건도 없는데 어디에 티끌이 묻으랴."(보제본무수菩提本無樹 명

경역비대明鏡亦非臺 본래무일물本來無一物 하처야진애何處惹塵埃)

홍인 대사는 혜능의 공부가 이미 도의 경지에 올랐음을 눈치 채고 남의 눈을 피해 방아를 찧고 있는 혜능을 찾아갔다. 홍인 대사가 물었다.

"쌀은 다 찧었느냐?(공부는 다 되었는가)"

혜능이 대답했다.

"쌀은 다 찧었는데 아직 키질을 못 했습니다(공부는 다 되었으나 아직 인가印可를 못 받았습니다)."

홍인 대사는 지팡이로 방아 머리를 세 번 치더니 뒷짐을 지고 묵묵히 돌아갔다. 방아 머리를 세 번 친 것은 삼경三更을 뜻하고 뒷짐을 진 것은 뒷문으로 오라는 뜻이었다. 그날 밤 삼경이 되자 혜능은 조실의 방으로 갔다. 조실은 아무도 모르게 하려고 병풍을 쳐놓았고 혜능은 그 병풍 뒤에 앉아 5조 홍인 대사에게 법통을 이어받았다.

왜 그랬을까? 혜능은 참선 수행도 다양한 경전도 섭렵하지 못했다. 단지 수년 동안 행자 생활을 하며 방아를 찧은 것이 수행 생활의 전부였다. 그러니 다른 쟁쟁한 스님들이 그를 질투할 것이 뻔했다. 홍인은 그것을 내다보고 혜능에게 조용히 법통을 전해준 것이었다.

사실 홍인 대사는 마음속으로 수제자 신수神秀 대사를 후계자로 점찍고 있었다. 신수 대사는 워낙 뛰어난 인물이라 다른 사람들도 그가 법통을 이어받을 것이라 예측하고 있었다. 하지만 신수 대사의 게송은 혜능 대사에 미치지 못했고 이를 알아본 홍인 대사는 혜능의 손을 들어주었다. 덕분에 6조 혜능으로 법맥이 이어진 것이다.

내 멘토는 '방아를 찧다가 득도한' 혜능 대사의 일화를 예로 들며 어떤 일을 하든 진심으로 한 가지에 집중하면 그 분야 최고의 전문가가 될 수 있다고 가르쳤다.

자기 분야에서 최고 전문가가 되는 또 다른 방법은 주어진 일에 미치는 것이다. 어떤 일에 미쳐본 적 있는가. 만약 그런 적이 없다면 단 한 번도 열정을 제대로 불사르지 않았다는 의미다. 아니면 미칠 만큼 간절한 인생 목표를 아직 만나지 못했을 수도 있다.

내가 인생 목표를 정하고 앞만 보고 달린 지 어느덧 19년이 흐르고 있다. 그중 6년은 강사가 되기 위한 준비 과정이었고 청중 앞에서 강의한 지는 13년이 넘어가고 있다. 그 세월 동안 이런저런 애로가 끊이지 않았지만 잘 버텨냈고 그 결과가 지금의 '나'다.

나는 꾸준함과 성실함, 부지런함을 내 트레이드 마크로 만들려 애썼고 그것이 먹혔는지 함께 일하자는 제안도 여러 번 받았다. 외롭게 홀로 내 길을 갈 때는 마음이 살짝 흔들리면서 '업종은 다르지만 제안을 받아들일까?' 하는 생각이 들기도 했다.

다행인지 불행인지 나는 내 길이 아닌 업종은 모두 거절했다. 달콤함에 **빠져** 지내면 당장은 쓴맛을 잊을지 몰라도 장기적으로는 내가 원하지도 않는 일에 연연하며 살 수 있었기 때문이다. 나는 지금의 내 일이 좋다. 즐겁고 행복하다.

한번은 유튜브에서 20대 도배사 이야기를 보고 깊은 인상을 받았다. 그 일을 하면서 즐겁고 행복하다는 사연이 재미있어서 여기 간단히 소개한다.

대학에서 '연출'을 전공한 그(도배사)는 과를 수석 졸업했으나 오랫동안 자리를 잡지 못하고 방황했다. 초밥집, KFC, 백화점, 콘서트 스태프, 사진 모델, 푸드트럭, 일반 공방, 사진 기자 등 온갖 종류의 아르바이트를 해봤어도 적성에 맞는 건 없었다. 그러던 중 우연히 도배사 일에 끌려 그 일에 입문했다.

이런저런 일을 해본 덕분에 그는 어떤 일이 자기 적성에 맞는지 단박에 알아봤다. 그것은 지금껏 자신이 해본 일 중 가장 재미있고 즐겁다고 했다. 그러면서 좋아하는 일, 하고 싶은 일을 하는 것 자체가 행복임을 알았다고 했다.

경력이 짧을 때는 4개월간 하루 일당 7만 원을 받고 한 달에 15~20일을 일했다. 2년 차인 지금은 일당 18~21만 원을 받고 있는데 순수익이 월 400~500만 원이라고 했다.

좋아하는 일, 하고 싶은 일을 하는 것은 그 자체로 행복이다. 그런 일을 할 때 삶의 질이나 만족도가 가장 높다는 얘기다. 만약 내가 힘들고 어려울 때 잠깐의 달콤함을 위해 원하지 않는 일을 선택했다면 지금 누리는 행복을 얻지 못했을 것이다.

앞으로도 하고 싶은 일을 하면서 뚜벅뚜벅 걸어갈 생각이다. 원하는 일을 하기 위해 때로 모진 풍파를 버텨내야 할 수도 있지만 그걸 이겨내면 반드시 좋은 날이 오게 마련이다. 그때까지 참고 버텨내는 사람은 인생의 승자가 된다.

#지금이 가장 좋은 때다

더러는 장애의 정도가 심한 나를 부러워하는 사람도 있다. 특히 내가 강사가 되기 위해 미친 듯이 노력할 때, "왜 그렇게 사느냐!"라고 충고 아닌 충고를 했던 사람들이 지금은 오히려 내 장애를 부러워한다. 아니, 어쩌면 내 장애가 아니라 내가 이룬 걸 부러워하는 것인지도 모른다. 장애를 무얼 부러워한단 말인가.

나는 내 인생 목표대로 조금씩 이뤄가는 삶을 살고 있다. 언제든 흔들리지 않고 한결같은 자세로 말이다. 내가 협의의 성공을 이루지 못했다면 내게 충고를 날리던 사람들에게 손가락질 세례를 받거나 술자리에서 안주용으로 씹혔을 수도 있다. 다행히 상황이 역전돼 나는 욕을 먹는 대상이 아니라 부러움의 대상으로 바뀌었다.

인생 목표 없이 살면 우왕좌왕하면서 이리저리 휘둘릴 가능성이 크다. 어느 순간 마음마저 다급해져 재물이나 명예만 좇을 수도 있다. 하지만 아무리 바쁘고 정신없이 살아도 그런 식으로는 재물과 명예조차 얻기 어렵다.

설령 온갖 방법을 동원해 재물과 명예를 붙잡더라도 그걸 끝까지 지키기는 힘들다. 우리 주변에는 배고픈 하이에나가 너무 많기 때문이다. 쌓는 것도 힘들지만 지키고 유지하는 것은 더욱 힘들고 어렵다.

세 명의 농부 이야기를 아는가.

어느 한적한 시골 마을에 사는 젊은이 세 명이 농사일에 열중하고 있었다. 그때 그곳을 지나가던 어떤 사람이 넓은 밭을 괭이로 일궈 밭고랑에 씨앗을 뿌리고 있는 세 명 중 가장 어려 보이는 젊은이에게 말을 걸었다.

"왜 농사일을 선택했나요?"

그 젊은이가 대답했다.

"연로하신 부모님을 위해 낮에 농사일을 돕는 중입니다. 시골은 조용한 저녁 시간을 이용해 공부하기에 아주 좋습니다. 나중에 로스쿨에 가서 법을 공부한 뒤 검사나 판사가 될 것입니다."

나이가 서너 살은 더 들어 보이는 젊은이에게도 같은 질문을 하자 이런 답변이 돌아왔다.

"농사일을 좋아하지는 않습니다. 그저 부모님이 시켜서 억지로 하는 중이지요. 기회만 생기면 언제든 서울로 가서 큰돈을 벌 겁니다."

나이가 더 들어 보이는 마지막 젊은이는 같은 질문에 이렇게 말했다.

"처자식을 먹여 살리느라 힘들어도 허리 한 번 펴지 못하고 일하는 중이지요."

세 명의 젊은이 중 누가 피로도가 가장 낮을까? 하루의 삶이 가장 보람 있을 듯한 사람은 누구일까? 아마 가장 어려 보이는 젊은이일 것이다.

우리도 어떤 젊은이처럼 살고 있는지 한 번쯤 생각해 볼 필요가 있다. 세월이 지난 뒤 세 명의 젊은이는 전혀 다른 삶을 살아갈 확률이 높다. 여기서 우리가 배워야 할 것은 인생 목표를 세우고 하루하루를 마음껏 즐겨야 한다는 점이다. 힘들면 힘든 대로 즐기고, 신나면 신나는 대로 즐기고, 아프면 아픈 대로 즐기다 보면 모두 다 지나간다. 어떤 일이든 지나고 나면 아무것도 아니라는 것을 깨닫는다. 그때 느끼는 것이 곧 삶이고 행복이자 인생이다.

초등 고학년 때는 "저학년 때가 좋았지"라고 하고,

중등 때는 "초등 때가 좋았지"라고 하고,

고등 때는 "중등 때가 좋았지"라고 하고,

대학 때는 "고등 때가 좋았지"라고 하고,

취업했을 때는 "학생일 때가 좋았지"라고 하고,

퇴사했을 때는 "일할 때가 좋았지"라고 하고,

노인일 때는 "젊었을 때가 좋았지"라고 한다.

돌이켜보면 '지난 것'은 항상 좋게 느껴진다. 그런데 슬프게도 당시에는 그 좋은 것이 보이지 않는다. 어느 날 노안으로 코앞의 작은 글씨가 보이지 않자 순간 서글픈 생각이 들었다. 그렇게 생각이 나를 부정 열차에 태우고 달리려는 순간 나는 급브레이크를 밟았다.

'하늘과 자연을 멀리 보면서 살라는 의미일 수도 있잖아.'

이렇게 생각을 바꾸니 마음이 편안해졌다. 그동안 얼마나 코앞만 보고 살았으면 멀리 보고 살라는 의미로 노안이 왔을까 생각하니 허허허 웃음이 났다. 실제로 나는 매일 멀리 보면서 즐기는 삶을 살고 있다.

#인생 목표가 간절해야 버텨낸다

 어떤 업종을 선택하든 사람들은 처음에 뭐든 다 해낼 수 있을 것처럼 죽기 살기로 덤벼든다. 과연 '초심'이라고 하는 처음의 다짐은 얼마나 갈까?

 일을 진행하다 보면 초심을 무색하게 만드는 일이 아주 많이 발생한다. 그때 '죽기'와 '살기'에서 죽기만 있으면 죽을 각오로 덤빈다. 이것은 죽어도 후회하지 않겠다는 마음이다. 반대로 살기만 있으면 부딪히기도 전에 피하고 싶고, 외면하고 싶다는 생각부터 한다. 그렇기에 죽기 살기에서 먼저 '살기'를 지워야 죽을 각오로 임한다.

 지금까지 몇 번이나 이직했는가? 현재 어느 위치에 있는가? 지금 하는 일을 몇 살까지 할 수 있겠는가? 그 일은 죽을 때까지 즐기면서 할 수 있는 일인가? 생각하지 않고 살면 삶을 사는 것이 아니라 그냥 삶에 끌려다니고 만다.

 2021년 현재 대한민국 기대수명은 83.6세(남자 80.6세, 여자 86.6세)다. 그보다 2년 전인 2019년에는 83.3세(남자 80.3세, 여자 86.3세)였다. 2년 만에 0.3세가 높아진 셈이다. 2019년보다 5년 전이던 2014년 기대수명은 81.8세(남자 78.6세, 여자 85세)였다(통계청 자료). 5년 만에 1.5세가 높아졌다.

 향후 기대수명은 점차 높아질 전망이고 몇 년 내에 90세를 넘길 가능성이 크다. 과연 우리는 몇 살까지 일해야 하는가? 첫 직장에 취업해서 몇 살까지 일할 수 있는가?

대한민국 정년퇴직 나이는 60세다. 그런데 60세 정년퇴직은 농담처럼 '10대 불가사의' 중 하나로 불린다. 실제로 공무원과 몇몇 기관을 제외한 직장인의 평균 퇴직 나이는 49.1세라는 충격적인 통계청 자료도 있다. 우리는 보통 20대 중반이나 후반에 취업한다. 그러면 설령 60세에 퇴직하더라도 30여 년을 일하고 나머지 30년을 수입원을 찾아 헤매야 한다는 계산이 나온다. 50세 이전에 퇴직한다는 현실 자료에 따르면 20여 년밖에 일하지 못하는 셈인데 그 수입으로 30년 넘게 사는 것이 가능할까? 아마도 그건 고통스러운 시간일 것이다.

그런 의미에서 우리는 인생 목표를 '평생 직업'에 둘 필요가 있다. 평생 직업을 선택할 때 가장 좋은 것은 돈 없이, 점포 없이, 학력이나 뒷배경 없이 오로지 노력과 열정만으로 가능한 일이다. 여기에다 우리가 매일 먹거나 사용하는 제품으로 수입을 창출할 수 있다면 금상첨화다. 살아 있는 한 인간이 먹고 사용하지 않을 방법은 없기 때문이다.

"인생은 탄생birth과 죽음death 사이의 선택choice으로 이뤄진다"라는 말이 있다. 인생은 탄생B에서 죽음D까지이고 그 사이에 선택C이 있다는 얘기다. 어떤 선택을 하느냐에 따라 인생은 즐거울 수도 있고, 괴로울 수도 있고, 행복할 수도 있고, 힘들 수도 있다. 그러니 당연히 신중하게 선택해야 한다. 그다음에는 간절함으로 선택을 추구하며 해낼 때까지 버텨야 한다.

전쟁 직후 부모를 모두 잃은 한 아이가 있었다. 고작 여덟 살에 불과한 그 아이는 할 수 있는 일이 없어서 구걸로 끼니를 해결해야 했다. 친구들은 그 아이를 거지라며 시시때때로 놀려댔다.

어느 날 친구들이 지폐 1달러와 5달러를 땅바닥에 놓고 그 아이에게 둘 중 하나를 가져가라고 했다. 아이는 5달러가 아닌 1달러짜리 지폐를 골랐다. 친구들은 숫자도 모르는 바보라며 아이를 놀려댔다. 그러면서 계속해서 아이가 가져간 1달러 자리에 또 다른 1달러를 놓고 둘 중 하나를 선택하라고 했다. 아이는 놀림을 당하면서도 계속 1달러짜리 지폐만 집어 들었다.

그 모습을 유심히 지켜보던 신사가 아이에게 물었다.

"왜 5달러가 아닌 1달러짜리만 선택했니?"

아이가 대답했다.

"만약 제가 5달러짜리를 집는다면 친구들은 제가 숫자를 안다는 것을 눈치채고 더는 1달러짜리 지폐마저 땅바닥에 놓지 않을 겁니다."

신사는 추위와 배고픔, 서러움을 겪고 있는 그 어린아이가 현명한 선택을 했음을 깨달았다.

---

7) 적응하기 어려운 환경에 처할 때 느끼는 심리적·신체적 긴장 상태. 장기적으로 지속되면 심장병, 위궤양, 고혈압 따위의 신체 질환을 일으키기도 한다. 불면증, 신경증, 우울증 같은 심리적 부적응을 유발하기도 한다.

간절해야 선택에 신중하고 그 선택을 책임진다. 여덟 살 아이는 친구들이 자신을 바보로 치부하며 창피와 모욕을 주었어도 그 스트레스[7]를 참아낸 덕분에 1달러짜리 지폐를 열 번이나 집을 수 있었다. 어려도 당연히 굴욕감을 느꼈을 터다. 그래도 원하는 결과물을 얻기 위해 아이는 그것을 잘 참고 이겨냈다.

좋을 때든 좋지 않을 때든 우리는 항상 버티며 살아간다. 좋을 때 왜 버티느냐고? 흥미롭게도 우리는 좋을 때 그것이 금세 끝날까 봐 불안해한다. 그렇게 불안해하면서 마치 외줄 타기를 하는 것처럼 버틴다. 그러니 잘 버티는 수밖에. 이왕이면 간절한 마음으로 버티자. 간절해야 상황과 여건이 내가 원하는 방향으로 흘러간다.

스트레스의 양면성

만약 여덟 살 아이가 분노에 찬 스트레스를 폭발했다면 원하는 결과물을 얻지 못했을 것이다. 흔히 스트레스는 '나쁜 것'으로 인식하지만 사실 그것은 어떻게 관리하느냐에 따라 영향이 달라진다. 즉, 스트레스가 늘 악영향만 끼치는 것은 아니다. 오히려 좋은 영향을 받을 수도 있다.

스트레스는 긍정적 스트레스인 유스트레스eustress와 부정적 스트레스인 디스트레스distress로 나뉜다. 다시 말해 스트레스는 양면적이다. 유스트레스는 질병 저항력을 높여 건강증진을 돕지만, 디스트레스는 질병 저항력을 낮춰 건강을 해친다. 유스트레스는 오히려 건강에 필요한 셈이다(출처: '건강을 위한 정직한 지식', 코메디닷컴). 이처럼 스트레스는 도움을 받도록 관리하면 유스트레스가 되고, 잘 관리하지 못하면 해를 끼치는 디스트레스가 되고 만다.

새로 주어진 일이나 미팅, 세일즈, 프로젝트, 매출 목표, 보고서 작성 등과 관련된 업무를 외면하지 않고 공부 혹은 성장 기회로 여겨 즐겁게 받아들이면 이런 것이 주는 스트레스는 유스트레스다. 반면 이를 거부하거나 밀어내고 하기 싫어서 이런저런 핑곗거리만 찾으면 그에 따른 스트레스가 분노를 최대치로 올리면서 건강을 해치므로 디스트레스다.

우리가 스트레스를 어떻게 받아들이고 관리해야 하는지는 이미 답이 나와 있다. 흔히 스트레스는 "만병의 근원"이라고 한다. 20세기 캐나다 내분비학자 한스 셀리에Hans Selye는 스트레스를 이렇게 정의했다.

"정신적 · 육체적 균형과 안정을 깨뜨리는 자극에 대응해 자신의 기존 안정 상태를 유지하고자 변화에 저항하는 반응."

질병은 대부분 스트레스 같은 부정적 감정을 원인으로 발병하거나 이와 직간접적으로 관계가 있다고 한다(출처: 네이버 지식백과). 그런데 지구상의 생명체로 살아가면서 스트레스를 받지 않는 생명체는 없다. 사실 모든 생명체는 스트레스와 함께 살아간다고 하는 것이 맞다. 그러한 스트레스로부터 해방되는 가장 현명한 방법은 스트레스를 잘 관리하는 것이다. 스트레스를 없애려 하기보다 잘 관리하자(오한진 저, 《중년 건강 백과》, 2016).

스트레스를 받는 종류와 강도는 개인마다 다 다르다. 그래서 어떻게 해야 한다고 꼭 꼬집어서 말할 수가 없다. 단지 참고할 수 있을 뿐이다. 특히 스트레스는 당사자인 자신만 받을 가능성이 크다. 상대방은 대체로 자신이 스트레스를 줬다고 생각하지 않는다.

툴툴 털어내고 마음을 홀가분하게 만들려면 단순하게 생각하는 것이 좋다. 깊이 생각하다 보면 생각이 꼬리에 꼬리를 물고 이어진다. 그렇게 해서 문제가 풀리면 그나마 괜찮겠지만 사실은 그렇지 않다. 그러니 단순하게 여기는 것이 낫다.

나는 장애 정도가 심한 장애인으로 30년 넘게 살면서 그동안 온갖 스트레스를 무수히 받았다. 대인관계에서든 업무에서든 장애인이 떠안는 스트레스는 상상을 초월할 정도다. 숱하게 깨지면서 내가 터득한 건 단순하게 생각하는 것이 더 낫다는 점이다. 덕분에 나는 스트레스를 관리하면서 버텨낼 수 있었다.

강의를 하다 보면 뜻밖의 제안을 받기도 한다. 가령 동기부여 강의인데 리더십 내용을 추가해 달라거나 경제나 경영, 목표 달성, 애사심, 소통 관련 내용을 요구할 때가 있다.

이럴 경우 모르는 영역이라 여겨 거부하고, 피하고, 외면하려

하면 디스트레스를 겪는다. 어떻게 해야 할까를 시작으로 별의별 생각이 다 떠올라 밤잠을 설치기도 한다. 부정적인 생각에 압도당하면 식욕이 떨어지고 소화가 안 되며 온몸이 경직되는 악순환에 빠진다.

반대로 요구를 받아들여 관련 사항을 공부한 뒤 강의에 조화롭게 추가해 내용을 알차게 만들면 이는 유스트레스가 된다. 이것은 몰랐던 부분을 공부해 한 단계 성장할 기회다.

나는 이러한 요구를 성장 기회로 삼았다. 물론 처음에는 힘들었지만 갈수록 지식이 늘어나면서 그 과정을 점차 지혜롭게 이겨낼 수 있었다. 새로운 공부를 해서 고객의 요구사항에 제대로 부응하는 것은 쉽지 않은 일이지만 결국은 내 공부다. 그러니 이것은 유스트레스다. 더구나 아무리 힘들어도 지나고 나면 하나의 추억으로 남는다.

성장 혹은 발전하고 싶으면 스스로 자신을 자꾸만 괴롭혀야 한다. 그러다 보면 어느새 자신이 하나씩 이뤄가는 모습을 보게 된다. 실제로 나는 그런 과정을 거쳐 강의 영역이 더욱 넓어졌다.

스트레스를 받으면 처음엔 초조하고 걱정, 근심 등 불안 증상이 나타난다. 심지어 우울 증상까지 나타난다. 하지만 스트레스가 지나가면 그러한 증상은 금세 사라진다. 이와 달리 만성 스트레스는 불안장애나 적응장애 등 각종 정신질환으로 발전할 수 있고, 코르티솔과 아드레날린을 연속해서 분비하게 해 체내 시스템을 망가뜨린다(출처: 네이버 지식백과).

세상에 완벽한 사람은 없다. 완벽하게 갖추고 시작하는 사람도 없다. 인간은 스트레스를 받으면서 하나씩 해결하며 성장해 간다. 어떤 일을 하든 처음에는 긴장되고 두렵고 떨린다. 그것이 피할 수 없는 일이라면 두려움에 떨기보다 차라리 즐기자.

피해서 해결할 수 있는 일이라면 피해도 괜찮다. 만약 도저히 피할 수 없는 일이라면, 어차피 해야 하는 일이라면, 좋은 마음으로 하자. 공부할 기회, 배울 기회라고 여겨보자. 마음 하나 바꿔서 의욕이 생기면 그건 유스트레스가 된다.

그리고 자꾸만 피하는 쪽을 선택하지는 말자. 한 번 피하는 것은 그렇다 쳐도 두 번, 세 번 피하는 것은 자기 능력을 스스로 평가절하하는 꼴이다. 그럴 바에는 맞짱 떠서 내 것으로 만드는 것이 훨씬 더 효과적이다.

우리는 모두 1인 사업가이자 사장이다

모든 사람은 무언가를 팔아서 생계를 유지한다. 그것이 물건이든 재능이든 노력이든 내가 가진 무언가를 팔아야 먹고살 수 있다. 무언가는 꼭 팔아야 수입이 생긴다. 그리고 그 수입이 있어야 의식주를 해결하며 삶을 영위할 수 있다.

개개인은 노동력, 지식, 기술 등을 기업체에 팔아야 수입이 생긴다. 요식업을 하는 사장은 음식과 서비스와 멋진 공간 분위기를 판다. 기업체는 기업에서 생산하는 제품을 판다. 유통업은 제품과 서비스 그리고 스토리를 판다. 관광업은 문화나 특별한 추억을 판다. 농업인과 어업인은 자신이 생산한 농수산물을 판다. 국가는 국내에서 생산한 모든 제품과 서비스, 관광상품을 세계에 판다.

다시 말하지만 우리는 노동력이든 지식이든 재화든 무언가를 팔지 않으면 안 되는 사회 구조에서 살아가고 있다. 즉, 우리는 모두 1인 사업가다. 그렇기에 반드시 사장 마인드를 갖춰야 한다.

현실을 보자면 기업체에 소속된 직원은 직원 마인드로 살면서 직원의 능력밖에 발휘하지 않는다. 그 이상의 능력이 있음에도 불구하고 능력을 월급 액수 안에 가두고 마는 것이다. 매달 입금되는 월급의 틀에서 벗어나지 못하면 평생 직원으로 남는다.

이는 독수리의 알인데도 닭이 낳은 알과 함께 부화해 병아리와 사는 독수리가 자신을 닭으로 알고 닭처럼 행동하는 것과 같다. 비록 월급을 받는 직원 신분일지라도 마인드는 항상 사장 마인드라야 더 넓게, 더 높은 곳을 볼 수 있다.

피터 드러커에 따르면 아랫사람의 덕목은 이러하다. 첫 번째, 상사가 유능해지고 공을 세우도록 돕는 것이 자신의 임무이자 자신에게 이롭다는 것을 깨닫는다. 그러자면 수시로 윗사람과 경험이나 정보를 공유해야 한다. 두 번째, 상사의 장단점과 한계 등을 알아서 대비한다. 세 번째, 상사가 기대하는 것과 어떤 목표에 집중해야 하는지 확실히 알고 조직의 방향을 설정한다(서광원 저, 《사장으로 산다는 것》, 흐름출판, 2012. 발췌).

이런 마인드를 갖춘 사람은 보고 듣고 느끼는 것이 완전히 다르다. 그야말로 모든 것이 내 것, 내 공부로 남는다.

독수리가 자신이 닭이 아니라는 사실을 깨달으면 행동이 독수리처럼 변한다. 우리에게는 독수리처럼 멋진 날개와 용맹함과 하늘의 제왕다운 능력이 있다. 그 사실을 깨닫고 직원 마인드가 아니라 사장 마인드로 살아야 한다. 독수리임에도 자기 능력을 제대로 발휘하지 못하고 닭처럼 살지 않았으면 한다. 어떤 마인드로 사느냐에 따라 능력치는 달라진다.

우리는 무한 경쟁 체제에서 살고 있다. 그러한 경쟁에서 버텨내려면 자신은 물론 상대의 장단점을 알고 자신의 강점을 키워 팔아야 한다. 즉, 나만의 블루오션을 만들어야 한다. 지피지기백전불태知彼知己百戰不殆라고 했다. 이는 상대를 알고 나를 알면 백 번 싸워도 위태롭지 않다는 뜻인데, 중국 전국시대戰國時代 병법서兵法書 《손자》에서 유래했다.

역사는 항상 반복된다. 경쟁 체제에서 버텨내기 위한 전쟁은 그때나 지금이나 마찬가지로 벌어지고 있다. 다만 시대와 사회 배경 그리고 여건, 환경, 대상만 다를 뿐이다. 내 경쟁자는 누구인가? 내가 이겨야 할 대상자는 누구인가? 우리는 이 질문을 학습해야 한다. 생존이 걸린 중요한 문제이기 때문이다.

직장생활에는 끝이 있다. 자의든 타의든 언젠가 반드시 퇴직해야 한다. 월급이라는 마약에 빠져 지내면 퇴직할 때까지도 사장 마인드를 갖출 수 없다. 퇴직한 후 사장으로 살려면 평소 사장 마인드를 지니고 내 삶의 주인공으로 사는 연습을 해야 한다.

우리는 인생극장이라는 드라마의 멋진 주인공이다. 하나하나가 모두 주연이다. 내가 없으면 세상도 없다. 이 삶은 다시 살아 볼 수 없는 삶이다. 이 사실을 절대, 절대로 잊어서는 안 된다.

맺음말

세상은 살아볼 만하다

삶은 내게 끊임없는 도전의 연속이었다. 팔 하나와 다리 하나를 잃은 사람에게 삶을 꾸려가는 건 아주 소소한 것까지도 하나의 도전이다. 그래서 나에게는 내 깃발이 필요했다. 그 깃발을 보고 앞으로 나아갈 힘을 얻어야 했다. 내게 그 깃발은 바로 확고한 '인생 목표'다. 덕분에 이리저리 휘둘리지 않고, 갈팡질팡하지 않고, 내 길을 묵묵히 걸어올 수 있었다.

또한 나는 나 자신에게 냉정했다. 손바닥만큼이라도 안주할 무언가가 있으면 내가 거기에 털썩 주저앉고 싶어질까 봐 애써 외면했다. 무리한 채찍질이었을지언정 나는 나를 그렇게 몰아붙인 나 자신이 자랑스럽다. 인생에 후회도 없다.

선박은 중심을 잡기 위해 아랫부분에 물을 싣는데 이를 '평형수'라고 한다. 가벼워진 선박의 중심을 맞추려면 이것이 꼭 필요하다. 평형수에 문제가 생기면 선박은 좌우로 크게 흔들리다가 좌초되고 만다.

무게의 중심이 아래로 쏠려 있어야 전복되지 않고 똑바로 전진하는 선박처럼 우리 삶에도 평형수 역할을 해줄 인생 목표가 필요하다. 인생 목표가 있어야 중심을 잡고 흔들림 없이 전진할 수 있기 때문이다.

특히 틀에 박힌 라이프 스타일보다 자유분방하고 개성적이며 체험을 즐기는 MZ세대[8]에게 평형수 역할을 하는 인생 목표는 더욱더 중요하다. 그렇다고 인생 목표가 고정불변인 것은 아니다. 때에 따라 바뀔 수 있다. 그래도 추구하는 방향에는 일관성이 있어야 한다.

인생 목표는 나이에 따른 체력 문제나 경제 문제 등에 따라 바뀌기도 한다. 단, 어떤 상황에서든 목표는 반드시 있어야 한다. 목표를 향해 전진하는 것 자체가 깨어 있는 삶이다.

조금씩 전진하다 보면 정말 많은 일이 벌어진다. 그 일을 하나씩 헤쳐가는 것이 우리네 인생이다. 그 자체를 받아들이고 맘껏 즐겼으면 한다.

어떤 삶이든 다 소중하다. 한 걸음 떨어져서 개개인의 삶을 들

---

8) 1980년대 초~2000년대 초 출생한 밀레니얼 세대와 1990년대 중반~2000년대 초반 출생한 Z세대를 통칭하는 말이다. 디지털 환경에 익숙하고 최신 트렌드와 남다른 이색적인 경험을 추구하는 특징을 보인다.

여다보면 다들 주어진 여건에서 열심히 살아간다. 그러니 개개인의 삶을 있는 그대로 존중할 필요가 있다. 존중한다는 것은 높여주고 귀히 여긴다는 것을 말한다.

그런데 안타깝게도 개중에는 누군가를 가르치려 하거나 훈계하는 사람도 있다. 잘했네! 못했네! 하면서 참견하기도 한다. 절대 그래서는 안 된다. 세상에 가치 없는 삶은 없다.

우리 삶은 선택의 연속이다. 선택의 갈림길에서 무엇을 선택하든 당시에는 그것이 최선의 판단으로 보인다. 물론 일정 시간이 흐른 뒤 그 선택을 돌아보면 후회스러울 때도 있다. 스스로 잘못한 선택임을 깨닫기 때문이다.

그렇게 느끼고 깨달을 때 배워야 한다. 이것이 진짜 인생 공부다. 그런데 내 경험에 따르면 독학은 정말 어렵다. 스승이나 멘토를 찾아 가르침과 멘토링을 받는 것이 훨씬 더 안전한 길이다. 그리고 더 많은 것을 배울 수 있다.

실제로 나는 멘토의 멘토링 덕분에 인생을 바꿀 수 있었다. 멘토는 내 인생의 버팀목이자 지지대였다. 그의 멘토링은 교육의 중요성을 절실히 깨닫는 계기이기도 했다. 그래서 나는 어디서든 평생 교육을 강조한다.

뭐든 모르면 어렵고 두렵다. 반면 배워서 알고 나면 세상일이

쉽고 재미있어진다. 일단 재미를 느끼면 또 하고 싶어진다.

즉, 배움의 선순환이 일어난다.

나는 인생 목표가 몹시도 간절했기에 장애가 심한 몸으로 전쟁터 같은 사회에서 잘 버텨냈다. 지금 나는 내 나름대로 성공했고 행복하다. 앞으로의 삶에 기대감도 크다. 세상은 정말 살아볼 만하다.

《버텨야 산다》에 생명을 불어넣어 세상 밖으로 나오게 해준 에스북의 서설 대표께 깊은 감사의 마음을 전합니다. 사랑하는 아내에게도 감사를 진하고 싶습니다. 그녀가 있었기에 사랑, 행복, 삶의 가치를 배웠습니다. 함께 살아간다는 것이 이렇게나 즐겁고, 행복하고, 재미나고, 감사한 것이라는 사실도 알았습니다. 마지막으로 세상 모든 사람이 '함께하는 삶'의 기쁨을 누리길 기원합니다. 모두에게 감사하고 또 감사합니다.

버텨야 산다

초판 1쇄 발행 | 2023년 6월 8일
출판등록번호 | 제2017-000004

펴낸곳 | 에스북
지은이 | 백금기
펴낸이 | 서 설

잘못된 책은 바꿔드립니다.
가격은 표지 뒷면에 있습니다

ISBN 979-11-89286-06-4

주소 | 경기도 하남시 미사강변대로 270
전화 | 031-793-4680
팩스 | 031-624-1549
메일 | sbookclub@naver.com

Copyright ⓒ 2017 by 에스북
이 책은 에스북이 저작권자와의 계약에 따라 발행한 것이므로 본사의 서면
허락 없이는 어떠한 형태나 수단으로도 이 책의 내용을 이용하지 못합니다.